U0593431

深蓝启航

海洋权益通识教育

主　编 ◎ 林杰钦　许镇昌　李明春

副主编 ◎ 刘欣怡　李晶蕊　林金华

厦门大学出版社
XIAMEN UNIVERSITY PRESS

国家一级出版社
全国百佳图书出版单位

图书在版编目（CIP）数据

深蓝启航 ：海洋权益通识教育 / 林杰钦，许镇昌，李明春主编. -- 厦门 ：厦门大学出版社，2024. 12.

ISBN 978-7-5615-9482-7

Ⅰ. D993.5-49

中国国家版本馆 CIP 数据核字第 2024V635F4 号

责任编辑　胡　佩　刘炫圻
美术编辑　李嘉彬
技术编辑　朱　楷

出版发行　厦门大学出版社

社　　址　厦门市软件园二期望海路 39 号
邮政编码　361008
总　　机　0592-2181111　0592-2181406(传真)
营销中心　0592-2184458　0592-2181365
网　　址　http://www.xmupress.com
邮　　箱　xmup@xmupress.com
印　　刷　厦门集大印刷有限公司

开本　787 mm×1 092 mm　1/16
印张　9.25
插页　1
字数　157 千字
版次　2024 年 12 月第 1 版
印次　2024 年 12 月第 1 次印刷
定价　38.00 元

厦门大学出版社
微信二维码

厦门大学出版社
微博二维码

前　言

在我国历史上,从来没有哪个时期像今天这样认识海洋、重视海洋、经略海洋。如今,海洋越来越成为满足人民美好生活需要的重要保障,各行各业的专家人士都在为提高国民的海洋意识做努力。

2024 年 7 月 18 日,中国共产党第二十届中央委员会第三次全体会议通过的《中共中央关于进一步全面深化改革 推进中国式现代化的决定》多处涉海及海洋强国建设。其中在推进国家安全体系和能力现代化、完善涉外国家安全机制上,特别指出要健全维护海洋权益机制,为建设繁荣美丽的海洋家园提供"中国方案"。

我国是海洋大国,拥有漫长的海岸线和广阔的海域,也有着源远流长的海洋文明。早在四千年前的夏朝时期,我们的祖先就利用西太平洋的季风规律进行航海活动;唐宋时期,掌握指南针航海技术的航海家可进行远洋航行;明朝前期的"郑和下西洋"更是人类航海史上的壮举。先人们投身浪涛中的海洋经略史,是中华民族引以为傲的发展史中的辉煌篇章。

始于 15 世纪的大航海时代,以西班牙、英国和法国为代表的欧美国家向海发展,一跃崛起为世界强国,而我国则自郑和下西洋谢幕后,进入了漫长的闭关锁国时期。近代以来,在工业革命和马汉的"海权论"双重作用下,西方国家纷纷发展海上力量,而鸦片战争后的我国则长期处于有海无防、有海无权的状态,受尽屈辱,海权不张。

向海而兴,背海而衰,这是历史给予我们的深刻教训。21 世纪是海洋的世纪,我们再也不能错过机遇,必须走向海洋、拥抱深蓝。海洋意识的强弱,关乎国家和民族的发展。建设海洋强国已是中华民族向海图强的时代夙愿,肩负着实现中华民族伟大复兴中国梦的重要使命。

新中国成立后,制定了一系列海洋发展战略和规划:组建人民海军,初步形成了一支具有一定作战能力的海上力量;恢复和建设沿海港口,在维护沿海安全、保障渔民生产等方面采取了一系列措施;成立海洋科研机构开展小规模的海洋资源调查活动;等等。

改革开放后,中国经济快速发展。沿海地区积极发展外向型经济,海洋产业结构不断优化升级,海洋法律法规不断完善,海洋科技投入持续增加,海洋国际交流愈加频繁。海军现代化建设也在加强。

进入新世纪后,海洋事业发展的目标和方向更加清晰和明确。海军能力拓展,装备建设取得重大突破;海洋维权执法力量得到加强;海洋经济稳步增长,逐渐形成了多元化的海洋产业体系;对海洋生态环境重要性认识也不断提高。

党的十八大以来,以习近平同志为核心的党中央对海洋强国建设作出了明确战略部署,将建设海洋强国作为推动中国式现代化的重要组成,并采取了一系列具有划时代意义和里程碑标志的重大举措,使海洋强国建设实现一系列突破性进展,取得一系列标志性成果:做大海洋经济,深远海智能化养殖、海洋能源等新兴产业不断取得突破;做强海洋科技,海水淡化、海洋观测卫星等技术应用位居世界前列;做实蓝色伙伴关系的构建,"一带一路"、海洋命运共同体等倡议理念持续扩大海上"朋友圈";等等。同时,对学生的海洋权益意识的培养与教育,关系到我国海洋权益的维护,关系到海洋强国战略的成败,关系到中华民族的伟大复兴,因此学生海洋权益意识的培养十分重要。

《深蓝启航:海洋权益通识教育》以"海洋强国"战略为主线,以海洋国家为横轴,以海权兴衰为纵轴,力证海洋之于中国的重要性,培养学生的海洋权益意识,普及"经略海洋"的发展观念。从政治、经济、文化、军事、生态等角度清晰、全面地向学生普及海洋知识,唤醒学生的海洋权益意识,进而让他们热爱海洋事业,投身海洋建设。本书展现了海洋与国家崛起休戚与共的依存关系,更重要的是,它告诉当代的学生:中国不仅是一个陆地大国,同时还是一个海洋大国。热爱祖国,就要热爱祖国的每一寸领土,以此激励广大青少年为捍卫国家的领土完整与安全、为实现中华民族伟大复兴而不懈努力。

目 录

导 论 ⋯⋯⋯⋯⋯⋯⋯⋯⋯⋯⋯⋯⋯⋯⋯⋯⋯⋯⋯⋯⋯⋯⋯⋯⋯ 1

一、海洋国土:中国未来的发展空间 ⋯⋯⋯⋯⋯⋯⋯⋯⋯⋯⋯⋯ 1

二、海权:人类海洋斗争的重要议题? ⋯⋯⋯⋯⋯⋯⋯⋯⋯⋯⋯ 3

三、制约海权的多维因素:地缘、力量、经济和政治 ⋯⋯⋯⋯⋯ 6

四、海权的基本价值:政治、经济和安全 ⋯⋯⋯⋯⋯⋯⋯⋯⋯⋯ 8

上 篇

第一章 葡萄牙和西班牙:二分海洋的双雄 ⋯⋯⋯⋯⋯⋯⋯⋯⋯ 14

第一节 葡萄牙:开创海权霸主的冒险家 ⋯⋯⋯⋯⋯⋯⋯⋯ 14

一、葡萄牙大航海的国家行为 ⋯⋯⋯⋯⋯⋯⋯⋯⋯⋯⋯ 15

二、前往梦寐以求的东方 ⋯⋯⋯⋯⋯⋯⋯⋯⋯⋯⋯⋯⋯ 16

三、称霸印度洋与建立殖民帝国 ⋯⋯⋯⋯⋯⋯⋯⋯⋯⋯ 18

第二节 西班牙:探索世界海洋的斗牛士 ⋯⋯⋯⋯⋯⋯⋯⋯ 19

一、西班牙海上争霸中的风云人物 ⋯⋯⋯⋯⋯⋯⋯⋯⋯ 19

二、二分海洋与称霸大西洋 ⋯⋯⋯⋯⋯⋯⋯⋯⋯⋯⋯⋯ 21

三、西班牙霸权覆灭和战略得失 ⋯⋯⋯⋯⋯⋯⋯⋯⋯⋯ 22

第二章 英国和法国:怒海争锋的两强 ⋯⋯⋯⋯⋯⋯⋯⋯⋯⋯⋯ 24

第一节 英国:引领海洋崛起的约翰牛 ⋯⋯⋯⋯⋯⋯⋯⋯⋯ 24

一、从城墙到舞台:英国人走向海洋 ⋯⋯⋯⋯⋯⋯⋯⋯ 24

二、从不起眼的海盗到确立海上霸权 ⋯⋯⋯⋯⋯⋯⋯⋯ 25

三、世界第一海军与日不落帝国的建立 ⋯⋯⋯⋯⋯⋯⋯ 28

第二节 法国:扬帆万里的高卢雄鸡 ⋯⋯⋯⋯⋯⋯⋯⋯⋯⋯ 29

一、黎塞留筹划海军 ⋯⋯⋯⋯⋯⋯⋯⋯⋯⋯⋯⋯⋯⋯ 30

二、柯尔贝尔主义下的海洋强国路 ················· 30

三、英法百年海上争霸 ··················· 31

第三章　美国和苏联:征服海洋的两极 ··········· 33

第一节　美国:纵横四海的白头鹰 ············· 33

一、马汉"海权论" ···················· 34

二、海洋军备竞赛 ···················· 35

三、美苏海上争霸 ···················· 36

第二节　苏联:由陆向海的北极熊 ············· 37

一、为出海口而战 ···················· 37

二、近海防御与远洋进攻之间的摇摆 ··········· 38

三、国家海上威力理论与世界第二海军 ·········· 38

中　篇

第四章　中国古代的海洋活动与海权维护 ·········· 42

第一节　明朝之前的中国海洋活动 ············· 42

一、先秦时期的海洋探索 ················· 43

二、秦朝至隋唐繁荣发展的海洋活动 ··········· 44

三、宋元时期的世界商贸中心 ·············· 45

四、从兴盛到衰落,中国海洋文明的遗憾 ········· 47

第二节　郑和、王景弘下西洋:古代海权战略先驱 ····· 47

一、片板不许下海和放松海禁 ·············· 48

二、下西洋和对外关系的构建 ·············· 49

三、下西洋的落幕和闭关锁国 ·············· 52

第三节　郑成功:维护东亚海权的践行者 ·········· 53

一、西方势力东来和明清交替 ·············· 53

二、郑成功的海权思想和海洋经略 ············ 54

三、清朝"海禁"和与世界的脱节 ············ 56

第五章　晚清中国海权沦丧与海权思想的萌芽 ······· 58

第一节　有海无防,列强轰开中国的大门 ·········· 58

一、控制海洋的英国和沉睡的中国 ············ 59

二、鸦片输入与天朝上国的崩塌 ············· 60

　　三、开眼看世界和海权思想萌芽 ……………………………………… 62

　第二节　甲午海战,海权丧失的反思 ……………………………………… 63

　　一、日本明治维新和晚清筹建海军 ……………………………………… 63

　　二、甲午海战和晚清海权沦丧的反思 …………………………………… 65

　　三、海权崛起初步认识和海上力量 ……………………………………… 68

第六章　民国的海洋维权探索与海权复兴 ………………………………… 70

　第一节　孙中山海权思想和海防实践 …………………………………… 70

　　一、辛亥革命和帝国主义反华 …………………………………………… 70

　　二、孙中山的海权思想和实践 …………………………………………… 72

　　三、孙中山维护海权和利用海洋 ………………………………………… 74

　第二节　抗日战争,喋血护海权 …………………………………………… 75

　　一、日本侵华战争和"攘外必先安内" …………………………………… 75

　　二、日军大肆进攻和南部沿海沦陷 ……………………………………… 75

　　三、陈嘉庚力挽海权和海洋人才培养 …………………………………… 78

　第三节　抗战胜利,中国收复海疆 ………………………………………… 79

　　一、接收舰艇雪国耻 ……………………………………………………… 80

　　二、收复台湾和南海诸岛 ………………………………………………… 80

　　三、解放战争中的舰艇起义 ……………………………………………… 82

下　篇

第七章　新中国的海洋战略和海权重塑 …………………………………… 86

　第一节　自力更生,挽回海权从头开始 …………………………………… 86

　　一、铸就海上长城,再造人民海军 ……………………………………… 87

　　二、领海线:毛泽东不同寻常的决定 …………………………………… 89

　　三、核潜艇,一万年也要搞出来 ………………………………………… 91

　　四、新中国,新的海权战略思想 ………………………………………… 93

　第二节　出击海洋和远洋调查探索海洋 ………………………………… 94

　　一、"跃进"轮,出师未捷身先死 ………………………………………… 95

　　二、国家安全:东线战事渐缓和 ………………………………………… 97

　　三、西沙海战,四十年再无战端 ………………………………………… 98

第八章 改革开放后的海洋开发和海权新发展 ……………………… 102

第一节 韬光养晦谋权益和远洋科考 ………………………… 102

一、开放沿海城市，打开扇窗看世界 ………………………… 103

二、跨越千里的测量船，南极科考长城站 ………………… 105

三、远洋科学考察船，海洋喉舌话海洋 …………………… 107

第二节 加快步伐求发展和开发利用海洋 ………………… 109

一、海洋耕地红线何时现 …………………………………… 109

二、"向阳红16"号与艰辛的海洋探索 …………………… 111

第九章 21世纪的中国崛起和海权振兴 ……………………… 114

第一节 发展海洋利益和再现海权张力 …………………… 114

一、大洋环球科考和深海资源勘查 ……………………… 115

二、南海风云再起和海洋战略博弈 ……………………… 117

三、钓鱼岛争端和中日海上过招 ………………………… 119

第二节 建设海洋强国和开启海权新篇章 ………………… 121

一、"一带一路"和勾画未来海权新格局 ………………… 121

二、建设海洋强国，构建海洋命运共同体 ……………… 123

三、建设21世纪的现代化海军 ………………………… 126

结 语 …………………………………………………………… 129

一、海洋强国梦与海权意识培养 ………………………… 129

二、新时代大学生海权意识养成 ………………………… 130

三、海权意识教育内容和途径 …………………………… 135

参考文献 ………………………………………………………… 140

导　论

一、海洋国土：中国未来的发展空间

1996 年 5 月 21 日，《人民日报》在第一版刊登了新华社发自宁波的电讯。这篇电讯的醒目大标题是《刘华清考察东海舰队时勉励官兵做蓝色国土的坚强卫士》。电讯中提到：中共中央政治局常委、中央军委副主席刘华清于 5 月 16 日至 20 日考察了东海舰队。他勉励广大指战员继续发扬成绩，并努力将部队战斗力提升至一个新的水平，以成为保卫蓝色国土的坚强守卫者。

海洋国土的概念，在学术界和政府部门的议事日程和研究话题中被严肃地提及，可追溯到改革开放后的 20 世纪 80 年代。在 1988 年之前，党中央和国务院提出了沿海地区的经济发展战略，决定实施外向型经济的双轮驱动策略。其核心意图在于充分发挥沿海地区的海洋资源和地理优势，推动沿海地区的发展，并逐步向内陆转移，促进全国经济发展，加快实现国家经济和社会发展的战略目标。正是在这样的背景下，国内的一些有志之士将目光投向了广阔的海洋，并开始进行中国海洋发展战略的研究，探索海洋开发的目标和措施以及中国发展与海洋开发之间的关系。与此同时，"海洋国土"的概念被提出并广泛运用，引起了人们的关注和讨论。

据调查，在 1981 年 9 月至 11 月期间，著名经济学家兼中国国土经济学研究会学术指导委员会主任于光远在国家建委举办的国土经济研究班上宣布："我国的大陆海岸线长度为 1.8 万千米，如果将全国岛屿的海岸线也计算在内，总长度约为 3.2 万千米。我国的国土面积及海域非常广阔，包括连接大陆延伸到海洋中的大陆架。"这是迄今发现的关于海洋国土的最早记载。在有关"我国的国土海域"这个问题的提议中，指出其面积相当广阔，但没有具体说明涵盖哪些海域，只是提到"包括连接大陆延伸到海洋中的大陆架"。这可以解释为"国土海域"包括专属经济区和大陆架，也可以理解为专属经济区和大陆

1

架与"国土海域"有所不同。尽管于光远的报告中没有进一步的详述,但可以说这是"海洋国土"概念在早期形成过程中的一个雏形。

1983年7月,在海洋工作规划座谈会上,国家计委副主任吕克白指出:海洋是我国国土的重要组成部分。然而,我们在过去对这个领域的重视程度不够。中国拥有广大的领海和内水区域,根据去年通过的联合国海洋法公约,有可能划归中国管辖的海域,包括大陆架和专属经济区,其总面积达到几百万平方千米。毫无疑问,对于这两个海洋区域,我们应当行使法律赋予的权利,这是我们的主权所在。我们必须把这些海洋区域建设好,充分利用好,并加以有效管理。

仅一年多后,1984年11月,罗钰如担任国家海洋局局长时,在《海洋开发战略研究报告》中明确提出,根据国际海洋法制度,我国可以确立300万平方千米左右的管辖海域,将其视为我国的海洋国土。因此,我们应像开发陆地国土一样,充分利用和开发这片海洋国土。这就是"海洋国土"概念被明确提出,其所包含的海洋区域被作出毫不含糊的界定。根据《联合国海洋法公约》的规定,约300万平方千米的海域可以归属我国的"管辖海域"。这无疑是国家海洋局非常重要的贡献。确立海洋国土概念对于中国具有极其深远的意义和影响。国内对海洋国土概念的确立只是问题的一部分,同时海洋管理还将受到来自国际方面的限制。因此,必须再次强调与《联合国海洋法公约》相关的问题。

根据1996年5月16日《人民日报》的报道,中华人民共和国全国人民代表大会常务委员会于1996年5月15日通过一项决议,决定批准《联合国海洋法公约》。同时,还发表了以下四点声明:

一、按照《联合国海洋法公约》的规定,中华人民共和国享有200海里专属经济区和大陆架的主权权利和管辖权。

二、中华人民共和国将与海岸相向或相邻的国家,通过协商,在国际法基础上,按照公平原则划定各自海洋管辖权界限。

三、中华人民共和国重申对1992年2月25日颁布的《中华人民共和国领海及毗连区法》第二条所列各群岛及岛屿的主权。

四、中华人民共和国重申:《联合国海洋法公约》有关领海内无害通过的规定,不妨碍沿海国按其法律规章要求外国军舰通过领海必须事先得到该国许可或通知该国的权利。

《联合国海洋法公约》作为一项全球管理海洋和利用海洋资源的重要国际

文书,对全球海洋秩序的构建发挥着关键作用。中国参与、签署和批准《联合国海洋法公约》的举措,展示出中国以更积极主动的态度参与全球海洋治理,全程遵循国际法并有效维护自身海洋权益。同时,中国在参与过程中不断注入本国特色,特别是在社会主义新时代的背景下,中国坚定实施改革开放政策,积极构建海洋强国,致力于构建人类海洋命运共同体,通过独特方式重塑世界海洋秩序,并更加重视和关注海洋国土的保护、开发和建设。未来30年,中国将处在一个从世界海权大国转型为世界海权强国的阶段,风险挑战与日俱增,需要主动的筹划和积极的作为。

■ 二、海权:人类海洋斗争的重要议题?

海洋国土是中国未来生存和发展的空间。为了保护国家的海洋国土和维护海洋利益与安全利益的需要,人们越来越关注"海权"这一概念。

海权是指一个国家掌握和利用海洋资源的能力和效益,以服务本国利益。也就是说,海权体现了一个国家在海洋上获取利益和发挥作用的能力大小。这个概念最早由古希腊学者修昔底德提出,他将海权解释为"来自海洋的权力",意思是那些了解如何征服和运用海洋的人,将获得海洋赋予的权力。古罗马时代的学者西塞罗也提出了关于海权的观点,他强调控制海洋就能控制世界。不过,这两位学者所描述的海洋与世界仅涉及地中海及其周边地区。从古希腊战争史和罗马战争史来看,海权观念一直贯穿其中。无论是希波战争还是伯罗奔尼撒战争,海权都在其中扮演着重要角色。

随着新航路的开辟,海上贸易持续扩展,人类进入了大航海时代。海洋运输线成为世界各大国的经济命脉,西方大国普遍认为世界秩序主要就是海洋秩序。因此,各个西方大国疯狂地开拓海外殖民地,引发的海上争端和武装斗争也越来越多。海洋是血火激战的领土拓展战场,走向海洋是为了争夺海洋权益。既然是争夺,就无法绕开海上武装力量的军备竞赛。海上武装力量的军备竞赛的高级表现形式就是海战。若海战失败,或意味着用巨资建造的军舰沉没在海底,或意味着海上贸易命脉被他人限制。失败者将走向国家衰败甚至覆灭,而胜利者则获得国家崛起的绝佳机会。

在不断的海上争端中,人们渐渐意识到了"掌握海洋即可取得胜利,并获得丰富的资源和财富"的重要性。一个国家对海洋的态度将决定其整体海洋意识,而这种态度又是衡量一个国家海洋进取心的标准。放弃争夺制海权意味着接受列强对未来海洋权益秩序的安排。作为一个世界大国,追求国家的海洋权益意味着必须首先在世界海洋秩序中取得话语权,然后争取主导地位以保护国家的海洋权益,直至拥有自己的海权。这样的海权意识能够为国家开展海上斗争提供指导。英国人培根和芮莱等人尝试提出了一些关于指导海上斗争的战略。芮莱提出了"只要握有制海权,英国将永远不会被征服"的观点。但这些观点仅仅是零散而不是系统的,尚未形成理论。

马汉是美国海军军官和历史学家,他完整提出了海权论思想并形成地缘政治理论流派。1890年至1905年期间,他完成了被称为"海权论"三部曲的著作,系统地阐述了海权思想和海军战略。马汉将海权定义为"使一个民族或国家依赖海洋或利用海洋实现强大的一切事物",强调通过强大的海军力量来控制海洋,并掌握世界上重要的航海通道和海峡,达到取得"制海权"的目标。他还提出了国家发展海权的六个要素:地理位置、自然结构、领土范围、人口数量、国民性格和政府性质。通过对历史的研究和分析,马汉得出了"制海权是战争胜利的关键"的结论,并强调海权在历史发展中的决定性作用。他认为国家应该运用一切可用的手段来实现对海洋的控制,以实现国家战略的目标。

海权的范围十分广泛,涉及军事、经济、政治等多个领域。海权的含义不仅仅是简单地掌控海洋领土,更重要的是利用海洋资源支撑国家的经济和社会发展。从这个角度来看,海权甚至决定着一个国家的兴衰命运。马汉提出海权论的时候,美国正处于自由资本主义向垄断资本主义的过渡时期,同时也开始走上了海外扩张的道路。海权论为美国制定海军战略、海上战术等提供了坚实的理论基础,对于美国发展海军、成为世界海洋强国作出了巨大的贡献。

需要注意的是,马汉关于海权的定义并不十分严谨,因此许多学者可以从不同的角度对海权的概念进行解读和运用。一般来说,学者们会将马汉所提到的海权分为狭义和广义两个含义:狭义上的海权指的是通过利用各种优势力量来掌握制海权,实现对海洋的控制;广义上的海权则包括两个方面,一是通过军事手段来获得对海洋的控制权,并维护国家的海上军事力量,二是涵盖了维持国家经济繁荣所需要的海洋要素。目前越来越多的学者倾向于从广义的角度来界定海权,认为海权并不仅仅指战舰等军事要素,也包含了其他重要因素。

马汉的海权理论在全球范围内产生了深远的影响。此后,许多学者开始对海权进行研究,有些继承了马汉的思想,而其他学者则持有不同的观点。例如,英国海军战略理论家科贝特提出了海上战略原则,苏联海军总司令戈尔什科夫提出了"国家海上威力论",小约翰·莱曼则提出了"海上优势论",等等。中国著名学者张文木认为,海权是国家"海洋权利"和"海上力量"的统一,是国家主权概念的自然扩展。鞠海龙则认为,在国际法和国际政治领域,对海权的内涵有所不同。在国际法的意义上,海权重视一个国家的合法海洋权益和海上权利。而在国际政治领域,通常采用马汉海权论引申的概念,即"某个特定国家在特定海域范围内主导国际战略的能力"。

西方海权是在海外扩张的背景下形成的,国家发展海权的目标是通过各种可利用的手段来控制海上交通线,获取制海权,追求海外资源和财富。因此,西方海权具有强权、霸权和扩张的特点。历史上,中华民族从未向海外扩张、侵略他国或进行殖民活动,这与西方以"争霸"为核心的传统海权思想有着本质上的区别。中华文明在5000多年的历史中一直追求和传承的是和平、和睦、和谐的理念,即使拥有强大的武力,对外行动的目的也不是侵略和占领,而是尊重弱小,不恃强凌弱。习近平总书记在党的十九大报告中指出,坚持和平发展道路,推动构建人类命运共同体。中国的海权思想源于中华民族海上兴衰的历史,并将建设"海洋强国"视为重大使命的伟大实践。为实现中华民族伟大复兴,我们必须积极发展海洋事业,并坚决维护我国的海权。习近平总书记于2018年6月在考察中日甲午海战的遗址刘公岛时表示:"我一直想来这里看一看,受受教育。要警钟长鸣,铭记历史教训,13亿多中国人要发愤图强,把我们的国家建设得更好更强大。"

随着我国对于海洋的重视不断加强,"海权"理论研究愈加受到国内学界的重视,更多的学者对"海权"概念提出自己的看法和见解,试图打破以往人们脑中"海权即海洋霸权"的刻板印象,去诠释一个更加立体的"海权"概念。其中,以沈伟烈和张文木两位学者的观点最具代表性——沈伟烈认为:"海权是指一个使用军事力量和非军事力量从海上包括其上空维护国家领土主权向海洋延伸的海洋利益,以及对海洋活动的主体和其他政治实体意志行为施加影响的能力的总称。"张文木也提出:"中国海权,是一种隶属于中国主权的海洋权利而非海洋权力,更非海上霸权。"两位学者都试图在马汉广义海权的基础上,去更深层次地解读这个概念,认为海权不是一个纯军事的概念,其内涵涉及政治、经济、军事、文化、科技等多个角度,是一个综合性的概念,这也是本书要向读者呈现的"海权",即国家多维度运用军事与政治、经济、外交、科技等非军事途径掌握与利用海洋,维护国家海洋利益的能力和表现。

在"海权"以外,还有一个"海洋权益"的概念也经常被提及。刘中民曾指出,"海洋权益"是一个涉及政治和法律的权利政治的综合概念,是国家主权的一个延伸,涉及国家海洋领域攸关的政治、经济和安全等权益。所以"海洋权益"可以视为一个国家在海洋领域权利和利益的结合体,即"海洋权益"可分解为"海洋权利"和"海洋利益"两部分。同时,还有"海洋权力""海洋力量""海上权力"等众多类似的概念。明确概念是必要的,但不必执着于辨清概念的微末差别。概念不是静止的,而是动态发展的。"中国式海权"也不同于马汉视角下的西方海权,并不是"以武服人",而是"以德服人"和"以法服人"。中国式海权强调以合法的国际法手段来维护自己的海洋利益,捍卫自己的基本权利。从这个角度出发,中国海权几乎等同于海洋权益。

三、制约海权的多维因素:地缘、力量、经济和政治

为了推进海洋强国建设,必须积极维护海权。海权是由多个要素相互交织而成的,这些要素都与国家有着密切的关联,决定了国家获取海权的难度和程度。马汉在他的著作中将影响国家海权发展的要素分为六个:地理位置、自然结构、领土范围、人口数量、国民性格和政府性质。进入21世纪后,一些学者逐渐意识到,在新的历史环境下,制约海权的因素已经发生了变化,海权的要素不仅包括作战舰艇、武器装备和训练有素的人员,还包括岸上设施、地理位置优越的基地、商业运输和有利的国际联盟体系等。事实上,随着时代的发展和科技的进步,影响国家海权发展的因素不断增加。虽然海军的力量对于海权的发展仍然起着至关重要的作用,但单靠海军可能不足以使一个国家成为海权强国。综合考虑现代社会对海权的影响情况,可以将制约现代海权发展的基本因素分为以下四个方面:

(一)地缘环境

地缘环境是任何渴望拓展海权的国家不可忽视的首要因素。马汉论述的海权六要素中,一半都属于地缘环境的范畴,包括地理位置、自然结构和领土范围。一个国家所处的地理位置决定了其整体的海陆环境。马汉还认为地理位置是影响国家建立和发展海权的重要条件之一,"如果一个国家的地理位置便于进攻和进入公海,并且控制着重要的水道或国际主要海上航线,那么这个国家的地理位置就具有重要的战略意义"。从这一点可以看出,为什么彼得大帝一生都在为俄罗斯争取海上出口而不遗余力,让俄罗斯从一个内陆国家转变为海洋国家。海洋国家和拥有关键位置的国家具备发展海权的先天优势,

这是其他普通国家无法比拟的。资源、港湾和气候等自然因素对一个国家追求海权的意愿产生了重要的影响。当一个国家具有漫长的海岸线、丰富的自然资源、优良的港口和深入内地的大河,则这个国家在发展海权方面处于领先地位。国家的海权发展空间与领土范围大小有关,领土范围越大,国家海权的战略空间也越大。海岸线的长度越长,国家对外发展的空间也会越大。优良的港口不仅为国家发展国际贸易提供了便利和财富,同时也给海上外敌入侵提供了可乘之机。因此,国家应当同时加强海上军事力量的发展,推动海权的壮大。

(二)海上力量

衡量一个国家海权发展程度的重要指标是其海上力量。英国当代海权思想家埃里克·格罗夫就指明:“在各种情况下,海上力量都可以发挥作用,在施展有限力量时甚至会变得不可或缺。”国家的经济繁荣、财富积累、制海权的执掌和国际政治地位的高低,都依赖于此。根据任务的性质不同,海上力量可以分为三个主要类别:军事力量、执法力量和其他力量。海上军事力量的核心是海军,它能够满足保卫国家领海主权和维护国家海洋权益的要求。海军是海权的支柱和后盾,战时可以随时投入应对海上战争或冲突,在和平时期发挥威慑作用。海上执法力量在和平时期是国家海上维权的重要力量,在打击海上违法犯罪活动,维护国家海上安全,进行海洋资源开发利用、海洋生态环境保护、海洋渔业管理和海上缉私等执法任务,以及协调指导地方海上执法工作等方面发挥重要作用。其他海上力量包括民用商船队和人道主义救援力量等,它们既是保障国家海洋开发利用的重要力量,也是维护国家安全的有力支持。保持制海权、掌控一定海域的控制权,主要仰赖海上力量的发挥。海上力量仍然是国家海权发展至关重要的组成部分。

(三)经济实力

为了国际贸易和海洋经济的巨大经济效益,许多国家积极发展海军实力。经济实力是国家实现可持续海军发展的基础保障。发展海军需要投入远远超过陆军的巨额资金,这使许多国家望而却步。历史表明,海军强国背后有强大的经济实力作为支撑,维护海军需要依靠强大的经济力量提供资源,而大规模开发利用海洋更需要强大的经济能力。无法充分开发和不协调的海洋经济也会对海军发展造成不利影响,比如海洋资源利用效率低、海洋产业贡献有限、海洋开发潜力尚未发挥和内部结构不协调等。这些不利因素会延缓甚至阻碍海洋资源的开发和利用。西班牙、葡萄牙、荷兰等一度拥有强大海上力量的老牌国家,由于它们没有率先发展资本主义,因此在海权争夺中败于首先发展资本主义经济的英国。相反,美国作为海权强国中的后起之秀,其工业革命推动了国家经济的迅猛发展,为日后成为超级大国奠定了坚实基础。这表明,决心发展强大海权的国家必须具备强大的、可持续发展的经济实力。

(四)政治能力

在推动海权发展的过程中,政治能力扮演着工具的角色,即国家政府如何利用各种资源推动海权的发展。这与上述的三类自然基础和物质条件有所不同。政治能力主要包括政府对于海洋权益的开发与利用能力,以及外交能力。一个国家决定发展海权的决心的大小,决定了它为海权发展投入的程度。一个重视海权的国家,政府必然会投入大量的精力和时间用于国家海权的发展,并推出一系列的措施和政策。一方面,他们会依靠强大的海军来保障海洋经济的发展和国防安全。另一方面,他们会通过政策扶持海洋产业的发展,支持国民参与海洋事业。对于想进一步发展海权的政府来说,他们也会倾斜资源,通过国内机制改革、推进造船业的发展、实现军事现代化、促进海洋管理制度改革、推进海洋立法等途径来推进海权发展。

有效的海洋外交技能可以帮助国家在国际海洋秩序中取得更有利的主导地位。海洋外交是海洋事务与外交关系的结合,如今在国际外交中已经成为一个不可忽视的领域。它主要包括外交策略的制定和国际海洋法的应用等。当国家面临海洋问题时,运用适当的外交策略能够有效地防止问题恶化,而巧妙地运用海洋法能够将本国的海洋利益最大化,提高在海洋政治中制定和应用规则的能力,从而展现出远超本国实力的影响力。因此,当一个国家具备了发展海洋力量所需的自然和物质条件后,政治能力将起到关键的作用。

在全球化的时代,海权的发展受到了许多因素的影响,包括经济实力、经济结构、外交政策和操作能力等。并非所有与海洋相关的要素都能决定海权的发展方向,而是其中的一些因素会对海洋控制产生更为重要的影响。

四、海权的基本价值:政治、经济和安全

海洋被视为将一个国家推向强大的关键因素,它所蕴含的无限价值是激

发每个国家不懈追求海洋权益的动力。海权的核心在于国家对海洋进行开发、利用、管辖和控制。国家通过发展海权来满足对海洋资源的需求,实现自身利益的目标。海权具有政治、经济和安全方面的价值,是国家不断发展的源泉。

(一)海权的政治价值

国家海洋政治建设的首要条件在于获得海权。除了陆地领土以外,海洋领土是国家赖以生存和发展的空间。从地缘政治的角度来看,海权指的是国家对自己具有战略意义的海域的控制权和利用权。这些具有战略意义的海域包括内海、领海、大陆架、专属经济区、具有历史性权利的海域和公海,根据《联合国海洋法公约》,国家可以对其进行管辖或利用。国家在以上海域享有的主权、主权权利、管辖权和其他权益,我们将其称为国家的海洋政治利益,其中包括国家海洋主权的独立自主和领土完整等内容。

随着对海洋空间的深入勘探,各国正积极维护国家主权,力求将海洋利益最大化。一方面,海权不仅意味着国家在相关海域拥有管辖和利用的权力,也为国家保护海洋的政治利益提供依据。实现海洋主权独立自主、维护领土完整、保障权益不受侵犯,都离不开强大的海权支持。另一方面,海权为国家获取国际海洋事务的话语权,提高在国际海洋秩序中的地位提供强大的支持。历史上,世界霸权国家都凭借强大的海权优势,在国际上占据重要地位。从大航海时代统治大洋数百年的葡萄牙、西班牙、荷兰,到后来不断地进行海外扩张的"日不落帝国"英国,以及二战后确立世界超级大国地位的海上霸权大国美国,无一例外。

(二)海权的经济价值

海权是国家经济发展的必备条件,想要实现经济的持续发展,掌握海权是至关重要的因素。吴征宇在《地理政治学、大战略与海洋转型》一书中提到,海权的三个构成要素意味着海洋转型不仅是海军力量的增长,更是海洋经济的发展以及对海洋治理体系参与度的提高。国家需要海洋资源,因为海洋资源不仅代表着财富,也是国家生存和发展的重要支撑。一方面,通过开发和利用海洋资源,推动海洋经济的发展,使之成为国家经济的重要组成部分。另一方面,丰富的海洋资源是人类生活的主要来源之一,为人类提供必需的物质与能量,为国家的发展提供强大的能源支持。同时,海洋也在促进国际贸易的发展中扮演着桥梁和纽带的角色,广袤的海域为各国进行海外贸易提供了便捷的交通条件,推动了海洋经济的进一步繁荣。习近平总书记曾指出:"经济强国必定是海洋强国、航运强国。"根据联合国统计数据,全球 90% 的国际贸易依赖海洋运输,30% 的石油和天然气产自海洋,滨海旅游业是世界上发展势头最强和规模最大的产业之一,占全球 GDP 的 5% 以上,全球海洋经济年产值可达 3 万亿至 6 万亿美元。

工业生产和全球市场相互作用,推动了全球化进程的迅速发展,而海运则扮演着连接大工业和全球市场的重要角色。正如马克思在《资本论》中所指出的那样:"他们的工业比其他工业更加依赖于全球市场,从而也更依赖于海运业。"海洋经济利益是国家经济利益的重要组成部分,涉及海洋资源的开发利用、海外贸易的顺畅进行、海洋运输的安全顺畅,以及海洋技术的革新和海洋基础设施的建设等诸多方面。海权具有重要的经济价值,体现在实现国家海洋经济利益方面。海权对于海洋的开发与利用起到推动海洋战略价值向经济价值转化的作用,为海洋经济的开创提供了基础。国家海洋经济的可持续发展离不开海权的促进和推动。

(三)海权的安全价值

从国家安全的角度来看,海洋对于国防安全和经济安全都具有重要意义。海洋作为濒海国家国防的关键空间,是保卫国家安全的屏障和门户。一方面,海洋可以扩大国防深度,遏制来自海洋方向的侵略,有效地保证国家安全。另一方面,被忽视的海洋也可能成为外敌入侵的"跳板",增加国家安全的风险和国防的难度。自从大航海时代开始,传统的陆地威胁被海洋入侵所取代,保护海上安全成为许多国家国防的重要议题。陆地军事战略逐渐失去吸引力,通过以海制陆的方式部署军事战略成为越来越多国家的选择。此外,各国对于海洋主权和海洋利益的争议造成了复杂的海洋争端,不清楚的界定使得国家的海洋权益不可避免地受到损害。

海洋通道是海洋经济中的重要输送线,海洋运输担负着全球 90% 的洲际贸易和 2/3 的石油供应。海洋运输容易遭受海上暴力抢劫等威胁,这是一个广为人知的事实。国际商会(ICC)的非营利组织国际海事局(IMB)发布的2022 年全球海盗和武装抢劫事件报告从海盗袭击区域、作案方式和受袭船舶类型等多个维度分析了共收到的 115 起海盗事件报告。回顾 2022 年,全球海盗袭击船舶事故最频发的区域是东南亚,特别集中在新加坡海峡、印尼、马来西亚和菲律宾水域。其中，新加坡海峡海盗袭击事件数量最多，总计发生了38起针对正在航行船舶的袭击事件。这些海盗袭击对海洋通道的安全和畅通造成了威胁，不仅影响国家的海洋经济，而且使得东南亚地区每年损失约250亿美元。

可以看出，海上海盗活动的严重性不容忽视，需要采取有效措施确保海洋运输的安全。国家的安全利益涉及军事上的优势、领土的稳定以及海洋权益等方面。相应的，国家的海洋安全利益包括国家海上力量的优势、领土的安全、海洋权益的维护及制海权的确立等。安全利益是实现其他利益的基础。因此，发展强大的海上力量，保持一定的军事优势，确立相关海域的制海权，不仅有利于保证国家的海洋经济安全，也有利于保障国家的陆地安全。

21世纪是海洋的世纪。"不能制海，必为海制。"海权是决定国家和民族命运的重要因素。随着时间的推移，中国发展的战略重心进一步向海上方向倾斜，国家战略利益向海上方向迅速拓展。然而，海洋权益牵涉到军事、政治、经济等多个领域，它不仅涉及简单的掌控问题，更重要的是通过海洋来开辟一个全新的舞台，进入到一个崭新的时代。

思　考　题

1.除了地缘、力量、经济和政治，还有哪些制约海权的因素？

2.如何理解海权对于一个国家政治、经济和安全的意义？

上 篇

第一章

葡萄牙和西班牙:二分海洋的双雄

有历史学家认为,公元 1500 年前后是人类历史的重要转折点,从那时起,人类的历史才真正地发展成世界史。在技术革新和航海发展的基础上,人文思想带来的冒险精神起到了双向推动的作用。借助传播宗教的名义,大航海时代展开了充满探索和发现的篇章。随着实现奔向东方和新大陆的梦想,这一伟大的历史进程一直延续到 17 世纪。开辟新航路的核心目标是进行海外扩张,以获得巨大的利润和财富。而地理大发现通过海洋将整个世界逐渐联结在一起,拉开了各国相互对话和相互竞争的历史大幕。令人惊奇的是,推动人类历史进入全新篇章的并非位于欧洲当时经济和文化中心的国家,而是位于欧洲大陆西南角的两个小国家——葡萄牙和西班牙。它们相继成为海洋霸主,势力延伸至欧洲其他地区乃至亚洲、非洲和美洲。是什么力量驱使这两个伊比利亚半岛上不起眼的国家征服海洋,统治世界长达一个多世纪呢?

第一节　葡萄牙:开创海权霸主的冒险家

葡萄牙不是第一个从事航海事业的国家,但它首先将航海作为国家计划。

——J.H.萨拉依瓦

1415 年,在欧洲西南角的葡萄牙王国派遣了一支庞大的舰队,成功地占领了非洲北部的休达城。这一事件被认为是欧洲国家海外扩张的开端。从这一点出发,葡萄牙逐渐建立起了世界上第一个跨越大西洋、印度洋和太平洋的海洋帝国,并将影响范围扩展到了中国澳门甚至日本。葡萄牙是一个国土面积较小的国家，但在 15 世纪初却比其他欧洲国家更早开始了海外扩张之路。这是为什么呢？

■ 一、葡萄牙大航海的国家行为

葡萄牙是一个位于西欧的小国，经济落后。在中世纪时期，葡萄牙地区长期被阿拉伯帝国占领，而葡萄牙人则进行长期的抵抗。1143 年，葡萄牙作为一个独立的君主制国家诞生，光复领土的战争使葡萄牙得到罗马教皇的认可，成为欧洲大陆上第一个统一的民族国家。强大的王权使葡萄牙人对国家有了强烈的归属感，然而，要实现国家的强盛还有很长的路要走。葡萄牙国土面积不足十万平方千米，资源十分稀缺。东面邻近更强大的西班牙，这片贫瘠的土地也不断遭受战火的侵扰。因此，这个历史上率先建立的独立民族国家，在立国两个世纪之后，仍然面临着重重危机。为了实现富强的目标，葡萄牙利用其有利的地理位置，将目光投向了被称为"死亡绿海"的大西洋，开始向海洋扩张。葡萄牙决定通过开辟新的海上航路、拓展领土，以增加收入来源、摆脱财政困境。

葡萄牙的封建国家制度具有强大的中央集权，使其能够整合国家资源和力量，向海洋迈进。借助国家机器的力量，葡萄牙政府汇集财力和人力资源，支持航海事业的发展，这一点是那些仍处于封建割据状态的德国、意大利以及刚刚统一后的英国、法国所不具备的。葡萄牙历代国王都非常注重航海事业的发展，他们开放王室森林，提供大量的优质木材用于造船，促进造船业的发展。他们还奖励优秀的造船官员和工人，致力于培养航海人才。国王亲自领导，以消灭异教徒的名义进行海上扩张。1415 年，葡萄牙王国在若昂一世的带领下，攻占了位于北非的休达港，开始了对非洲西部沿海地区的扩张，从而拉开了大航海时代的序幕。

正如葡萄牙的历史学家 J. H. 萨拉依瓦所说，"葡萄牙不是第一个从事航海事业的国家，但它首先将航海作为国家计划"。这个国家计划由一位王子领导，而这位王子就是葡萄牙国王若昂一世的第三个儿子，伟大的航海家恩里克。据葡萄牙编年史所记载，15 世纪时，在恩里克王子的领导下，葡萄牙曾经建立了人类历史上第一所国立航海学院，还有专门为航海而设的天文台和图书馆。恩里克将来自不同国家、不同种族甚至不同信仰的专家和学者聚集在一起，改进了中国的指南针，将传统的欧洲海船改造成了多桅快速帆船，并组织学者将数学和天文学的理论应用于航海实践，使航海成为一门真正意义上的科学。尽管恩里克从未亲临大海进行远航，但他无愧于被称为"航海家"，因为欧洲航海界所记录的多数伟大发现，都是以他倾注一生的努力作为起点的。他将航海视为国家计划，使葡萄牙的航海大发现区别于那些为贸易而进行的孤立探险，成为一个经过两百年规划、有系统组织的任务和策略。

二、前往梦寐以求的东方

（一）黄金的驱使

1275 年夏天，威尼斯人马可·波罗（约 1254—1324）随着他的父亲和叔父来到了中国，并受到了元朝皇帝忽必烈的盛情款待。他在中国生活并担任官职达 17 年之久。1295 年归国后，马可·波罗发表了《马可·波罗行纪》（又称《东方见闻录》）。这本书中提到，北京的宫墙、墙壁和天花板上镶满了金银装饰，日本使用金子来建房。这本书广泛传播，在西欧引起了人们极大的兴趣，激发了他们到东方去寻找财富的决心。恩格斯曾说："葡萄牙人在非洲海岸、印度和整个远东所寻找的就是黄金。黄金是驱使西班牙人横渡大西洋到美洲的动力。对于白人来说，黄金是他们踏上新大陆时所追求的第一件事。"

在 15 世纪末，随着商品货币经济的发展，资本主义初露端倪，欧洲对货币的需求大幅增加。货币不仅仅是商品交换的媒介，也象征着财富和权力。从 15 世纪开始，金银成为贸易的支付手段。因此，西欧的王室、贵族和商人都在全力追寻黄金和白银，形成了一股对贵金属的热衷。哥伦布曾经说过："黄金是非常神奇的东西，拥有它的人可以成为他所渴望的一切的主宰。有了黄金，甚至可以让灵魂升入天堂。"然而，当时欧洲金银的产量无法满足需求。

在 15 世纪末之前，西方通往东方的商路主要有三条。其中一条是陆路，也就是传统的"丝绸之路"。商人从君士坦丁堡出发，经过小亚细亚、黑海和里海南岸，最后到达中亚，在帕米尔高原越过山脉进入中国。另外还有两条海上路线：一条是从地中海东岸的叙利亚通过两河流域抵达波斯湾，另一条是从地中海南岸的埃及到达红海，从两地乘船进入印度洋，前往印度和中国等地。在这些商路上，货物经过意大利、阿拉伯、拜占庭和波斯等地的商人多次转手，才能被运送到西欧。但是在 15 世纪中叶，奥斯曼土耳其帝国崛起，并相继占领小亚细亚和巴尔干半岛，控制了传统商路，并对过往商品征收高额税款，导致运往西欧的货物减少，价格比原价高出 8～10 倍。因此，西欧的商人和贵族迫切希望开辟一条绕过地中海东岸直达中国和印度的新航路，这就是葡萄牙开展海外探险的重要动力。

（二）迪亚士发现好望角

在 1487 年 7 月，葡萄牙航海事业的接班人若昂二世国王在恩里克去世 27 年后，派遣了航海家迪亚士率领三艘帆船沿着大西洋向南航行，继续寻找一条绕过非洲大陆最南端通往印度的航线，以寻找通往马可·波罗所描述的东方"黄金乐土"的海上路径。半年之后，当船队到达大西洋和印度洋的交界处时，海面风劲浪急，大风和巨浪几乎吞噬整个船队。被风暴裹挟，船队被迫向东南方向漂流了 13 天之久。在迪亚士的命令下，船队不得不转头北上，而此时他们意外发现已经通过整个西非航线绕过了非洲最南端。他相信只要继续航行，就能到达印度。但船队的粮食已经耗尽，只能返回葡萄牙。当他们在返回途中再次经过好望角时，天空晴朗明媚。巴若斯，一位葡萄牙历史学家，在描述这一激动人心的时刻时这样写道："船员们惊奇地凝视着这个隐藏了几个世纪壮丽的岬角。他们不仅发现了一个突出的海角，而且也发现了一个全新的世界。"为了纪念这次几乎丧生的传奇经历，迪亚士将这个海角命名为"风暴角"。1488 年 12 月，迪亚士回到里斯本后，向若昂二世陈述了他对"风暴角"的见闻。若昂二世相信，绕过这个海角，就有可能到达他们梦寐以求的印度。因此，他将"风暴角"改名为"好望角"。

（三）达·伽马开辟印度航线

1495 年，曼努埃尔一世登上王位后，他组建了一支全副武装的战斗舰队。达·伽马带领着这支舰队，于 1497 年从里斯本出发。经历了艰险的海上旅程后，达·伽马的船队成功地绕过了好望角，并于次年终于抵达了印度西南部的卡利卡特，建立起西欧与印度之间的贸易航线。这个地方就是七十年前郑和下西洋展现中国国力的地方。但与郑和的出行不同，葡萄牙人这次来的目的不仅仅是带来友好的问候。当印度人询问他们到来的目的时，达·伽马简明地回答："我们来寻求香料。"这正是葡萄牙一直追求的目标，在经历了近百年的艰难探索后，恩里克王子的愿望最终成为现实，几十年来欧洲航海家的知识和勇气积累开始转化为巨大的财富。达·伽马开辟了连接西欧与印度的航线，使得葡萄牙完全控制了香料贸易，并夺得了印度洋的制海权，为葡萄牙在印度洋的统治奠定了基础。中国明朝通过郑和七次下西洋建立了独特的东方海权,达·伽马的航行则可以被看作是西方海权对东方海权的首次冲击和挑战。

三、称霸印度洋与建立殖民帝国

自 15 世纪末至 16 世纪中期,果阿成为葡萄牙在印度进行殖民统治的核心区域。葡萄牙依托一系列重要港口如马六甲、霍尔木兹和圣乔治堡(位于现今加纳)等,形成了一个庞大的"帝国",覆盖大西洋、印度洋和太平洋的重要航线。这个"帝国"不仅包括巴西、非洲海岸、印度洋沿岸,还扩展到东南亚的主要岛屿。

随着通往印度的贸易航线开辟,葡萄牙国王决定全面控制香料贸易并在印度洋地区称霸。1502 年,曼努埃尔为达·伽马准备了一支庞大的远征舰队,由 30 艘战船组成,他下令达·伽马对埃及贸易船队和印度洋贸易中心卡利卡特进行毁灭性打击,以确保好望角取代红海和波斯湾成为欧亚贸易通道。达·伽马抵达印度的达布尔后,向当地统治者宣称葡萄牙国王是海洋的主宰,禁止摩尔人或印度人从事胡椒贸易,也禁止他们的船只运送摩尔人、土耳其人或印度人。未取得葡萄牙许可证的船只不得出海,任何船只都不能前往卡利卡特。达·伽马在 1503 年回到里斯本,委派佐特雷指挥 5 艘舰船驻守柯钦和坎纳诺尔,负责截击摩尔商船和香料船只。这是欧洲人在东方建立的第一支永久性海军舰队,它的出现标志着曼努埃尔决意在西部印度洋建立海上霸权。

1505 年,曼努埃尔决定扩大他的行动,意图夺取印度洋的制海权并垄断香料贸易。阿尔梅达被指派为印度总督,负责统一指挥葡萄牙在印度洋上的所有人员。他们在东非、红海、波斯湾和印度取得了领土,并在这些地方建造碉堡、设立驻军。特别是在亚丁、霍尔木兹和马六甲建立了据点,以完全切断波斯人、土耳其人、阿拉伯人和埃及人的航运通路,控制了从直布罗陀到马六甲的所有海峡,从而垄断了贸易。直到 1509 年,葡萄牙人征服了东非沿海的阿拉伯人聚居地,使整个东非沿海的贸易都落入了他们的手中。阿尔梅达成为印度洋的最高统治者,掌控着所有的海港。他实施了通行许可制度,要求所有在印度洋航行的商船都必须取得葡萄牙的许可。他禁止了摩尔商船在印度和阿拉伯之间从事香料贸易,只允许他们在印度的次要港口之间进行某些土产的买卖。就算是印度本土的商船,如果没有葡萄牙人的许可证,也会被没收,船员则会被判为奴隶。葡萄牙的第二任"印度总督"阿尔布魁克扩大并巩固了葡萄牙东方殖民帝国的基础,最终建立了横跨 140 个经度的海上帝国。

从里斯本出发,需要穿越 70 个纬度才能到达好望角,从好望角到波斯湾的航程超过 6000 千米,再从波斯湾经过科摩林角、孟加拉湾、马六甲、爪哇到达德那第,又有 24000 千米的距离。在 16 世纪初的前五年中,葡萄牙的香料交易量从 22 万英镑迅速上升到 230 万英镑,成为当时海上贸易的领先国家。

葡萄牙曾在巴西建立了殖民地,该地位于西半球。1500 年,葡萄牙航海家卡布拉尔在前往印度的航行途中,其船队经过佛得角后被风吹到南美洲,偶然发现了巴西。为了表示对这片新发现土地的所有权,他们在那里竖起了一座刻有葡萄牙王室徽章的十字架。随后,经过多年的征服战争,葡萄牙在巴西建立了 13 个都督府,形成了一套完整的殖民统治体系。

对葡萄牙海洋史的回顾显示,其海洋战略的根本目标是成为全球海洋强国,其主要战略重点是以印度洋为中心的东方海域和南大西洋沿岸地区。自从 1581 年被西班牙吞并以来,葡萄牙与其主要占领地的联系逐渐减少,并逐渐失去了海洋霸主的地位。直到 1640 年重新获得独立,大多数东方殖民地已经被后来崛起的海洋国家所分割,葡萄牙也迅速从一个引领时代的海洋强国沦落为西方殖民浪潮中的平凡的一分子。

第二节　西班牙:探索世界海洋的斗牛士

我的领土遍布整个世界,太阳不会在我的领土内落下!

——卡洛斯一世

西班牙和葡萄牙几乎同时成为海洋强国。葡萄牙开始海洋探索时,西班牙却还在为收复失地而战。直到 1490 年,伊莎贝拉女王率领十万大军包围格拉纳达,最终于 1492 年收复了失地,结束了长达 8 个世纪的战争,也为西班牙赢得了民族独立和国家统一。此后,西班牙国王等统治集团确立了发展壮大、成为欧洲强国的目标。受到葡萄牙人在非洲西海岸的探索和扩张的激励,他们迅速确定了通过走向海洋来实现宏伟目标的战略措施,而这正是历史赋予西班牙的一个千载难逢的机遇。

一、西班牙海上争霸中的风云人物

(一)伊莎贝拉女王与哥伦布

当女王进入格拉纳达时,队伍中有一位热那亚人在等待女王的召见,他就是后来名垂青史的克里斯托夫·哥伦布。在当时广泛流传的"地球是圆的"的理论影响下,哥伦布产生了一个想法,即向西航行也可以抵达东方。哥伦布相信他的航海计划很快就能将欧洲人带到东方,但在此之前的六年里,哥伦布在葡萄牙一直备受冷遇。1492 年 1 月,刚刚完成统一大业的伊莎贝拉女王第三次召见了哥伦布。当时葡萄牙凭借海上力量的迅速崛起,使整个欧洲都嫉妒不已,但财力、物力和人才的缺乏使所有的国王、贵族和商人望而却步。雄心勃勃的伊莎贝拉女王成为西班牙远洋探险的总赞助人。

1492 年 8 月 3 日,带着女王授予的海军大元帅任命状,哥伦布登上船舷,扬帆驶入了大西洋的腹地。1492 年 10 月 10 日,船员们因为长时间航行而感到不安和愤怒,他们声称如果继续向西航行就会发生叛乱。在激烈的争论之后,哥伦布提出了一个建议:再航行三天,如果三天后仍然没有看到陆地,船队就返回。他这样做无疑是非常明智的,因为,才过了两天,之前反对他的水手们在桅杆上高喊着:"陆地!"这个重要的日子是 1492 年 10 月 12 日。哥伦布和他的船员看到的陆地,是位于北美洲外海的巴哈马群岛。在随后的探索中,哥伦布认为自己抵达了印度的岛屿与大陆,然而事实上,他抵达的既不是中国也不是印度,而是一片欧洲人从未知晓的新大陆。由于哥伦布的误判,这片土地上的原住民被赋予了一个与他们毫不相关的名字——印第安人。尽管哥伦布未能到达印度,但他发现了美洲大陆,从而将世界联结在一起,并为世界历史书写了新的篇章。

(二)麦哲伦与人类第一次环球航行

1513 年,葡萄牙在东方取得成功后,西班牙再度迈出了征程。西班牙美洲总督带领着探险队穿越巴拿马地峡,发现了位于美洲西边的"大南海"(即太平洋)。为了抵达东方,西班牙王室与葡萄牙的费迪南德·麦哲伦签订了协议,支持他迂回南美洲寻找新的航路。1519 年 9 月,麦哲伦率领着 5 艘船和265 名船员从西班牙塞维利亚的外港圣卢卡尔起航,开始了人类历史上第一次环球航行的壮举。这次航行无疑具有划时代的意义,甚至可以与人类登上月球相媲美。

1520 年 2 月 24 日,船队抵达了圣马蒂亚斯湾,并继续向南航行,进入航海家从未涉足过的领域。船队于 11 月 28 日进入了"大南海"，在航行的三个多月中竟然没有遇到一次风暴，因此麦哲伦将这片海洋称为"太平洋"，这个名称沿用至今。1521 年 3 月，麦哲伦的船队抵达了菲律宾群岛的利马萨瓦岛。1522 年 4 月 27 日，麦哲伦带领着几十名殖民者前往宿务岛以东的马克坦岛发动进攻，要求该岛居民效忠并纳贡。然而，他却在当地首领拉普拉普领导的战士的反抗下被击毙。在麦哲伦死后，他的同伴们继续完成了环球航行的最后一段航程。经历了 1080 个日夜和 17000 千米的航程后，他们于 1522 年 6 月 8 日越过赤道，7 月 9 日经过佛得角群岛，最终于 9 月 6 日回到他们在西班牙的原始出发地——圣卢卡尔港。

这次航行从 1519 年 9 月开始，到 1522 年 9 月结束。回程时，只剩下 1 艘船与 18 名海员。正如恩格斯所说，这次环球航行让西欧人看到的不再是半个地球的四分之一，而是整个地球。麦哲伦的环球航行证明了"地球是圆的"的理论是正确的，为人类地理知识的积累和科学的发展作出了重大贡献。

二、二分海洋与称霸大西洋

（一）教皇子午线

在大航海时代，通行的观点认为大海并非公有的，而是属于其发现者。因此，葡萄牙和西班牙宣称他们所到之处为自己国家的领土，必然引发冲突。在罗马教皇亚历山大六世的斡旋下，这两个国家于 1494 年 6 月签署了《托尔德西里亚斯条约》，就海洋控制权进行了分割：两国在地球上划定了一条线，然后像切西瓜一样将地球分成两半。这条线在佛得角群岛以西大约 370 里格处，1 里格约等于 5.556 千米，370 里格大约等于 2056 千米，在西经 46 度左右。从北极到南极画出了一条区分线（称为"教皇子午线"）。在线的东面，葡萄牙所"发现"的非基督教国家的土地，属于葡萄牙所有；在线的西面，属西班牙所有。双方讨价还价的过程非常激烈，但实际上，准确计算并没有太大意义。因为无论是葡萄牙人还是西班牙人，与欧洲以外的大陆才刚刚有了一点接触，还没有人确切地了解地球的真实尺寸。

因此，当麦哲伦向西航行并抵达摩鹿加群岛时，双方对该岛的归属再次引发纷争。于是在 1529 年，两国签订了一份新的条约，将西班牙的殖民活动西界划定在摩鹿加群岛以东 17 度。根据这两个条约，西班牙几乎垄断了整个美洲，而葡萄牙则在亚洲和非洲广阔地区建立了自己的势力范围。这是世界上首次对海洋进行的势力分割,对于西方文明而言,它意味着大国开启了瓜分殖民地的先例,而这种趋势在后来的柏林条约中达到了高潮。欧洲各国齐聚一堂,将已知和未知的世界各地进行分配,从而形成了今天世界格局的雏形。可以说,西方世界的全球扩张从这一条约开始。

(二)无敌舰队与入侵美洲

由于需要大量的船只进行远征探险,造船工业在西班牙迅速发展,这使得西班牙能够建立起一支顶尖的船队。到 16 世纪初,西班牙已经拥有了 1000 艘商船,可以在世界各大洋上航行。为了保护这支船队的航行安全,西班牙还建立了一支强大的海军舰队。1571 年,西班牙舰队在与土耳其舰队的战斗中取得了巨大的胜利,获得了"无敌舰队"的美誉。1588 年,西班牙出动了 132 艘战舰封锁英吉利海峡,其中包括 60 艘大型战舰和 3165 门大炮,参战人员达到了 3 万余人。1580 年,西班牙吞并了葡萄牙,海洋实力达到巅峰,成为大西洋的统治者。在探险过程中,西班牙还进行了大量的殖民活动,在西半球广袤的土地上快速建立起了殖民帝国。

从哥伦布发现美洲开始,西班牙就开始对拉丁美洲进行殖民统治。从 15 世纪末到 19 世纪中叶,西班牙人陆续征服了北至墨西哥、南至合恩角的广大地区(除了被葡萄牙占领的今巴西地区)。与葡萄牙在东方所得到的成果相比,西班牙在美洲大陆上的掠夺更为直接。西班牙人在西半球建立了帝国政府,建造教堂,经营牧场和采矿,明确表示他们要在那里扎根。征服者开发了该地区的自然资源,利用了大量当地劳动力,将糖、胭脂红、兽皮和其他物品运输回国。在持续 300 年的入侵拉丁美洲过程中,西班牙共运走了 250 万吨黄金和 1 亿吨白银。到 16 世纪末,西班牙的金银产量占世界总产量的 83%,从而长期控制了国际金融市场上的货币。然而,这种欧洲人的扩张是建立在对美洲文明的破坏基础上,印第安人的命运令人悲伤。

■ 三、西班牙霸权覆灭和战略得失

1588 年,西班牙进攻英国。7 月 21 日,他们动员了一支庞大的舰队,其中包括 132 艘战舰、3165 门大炮和 3 万多名士兵。同时,菲利普二世还命令西班牙驻尼德兰总督帕尔玛率领一支陆军远征队进行协同行动。最终,英国舰队以惊人的表现击败了被称为"无敌舰队"的西班牙舰队,西班牙方面死亡的官兵达到了 4000 人,受伤者无法计算,5 艘大型战舰失去了战斗力,其余战舰

也都严重受损,帆破桅折,狼狈不堪。西班牙的"无敌舰队"几乎全军覆灭,而英国方面仅有 100 多人战死。从此,西班牙失去了海上霸权,并急速衰落。

西班牙失去海上霸权的首要原因是其社会制度滞后于资本主义的兴起。15—16 世纪的欧洲正处于封建社会向资本主义社会转型的历史时期,然而,当时的西班牙仍然处于封建社会的形态,政治上实行专制制度。这种落后的政治和社会制度已经开始对资本主义经济的形成和发展产生了负面影响,同时也直接影响了西班牙的海上霸权。大量涌入的财富几乎全部用于支持宗教信仰和殖民扩张所进行的战争,而没有用于发展真正能够使国家富强的工商业。随着时间的推移,国内的工业急剧衰退,货币也迅速贬值,然而人们却仍然沉迷于消费。

此外,西班牙的野心过于膨胀,敌人众多。当时这个小国占领领土过多,困难重重,无法有效控制所占领地区,不得不不断进行战争。同时,它的敌人包括了法国、土耳其、英国等多个国家,由于敌人众多,西班牙帝国不得不在多条战线上同时作战,导致实力逐渐衰竭。战争使西班牙付出了巨大的军费,消耗了大量物资,造成了大量人员的死亡,进而导致了农业的荒废和工业的衰退。

总的来说,西班牙和葡萄牙之间在海洋强国战略方面存在着许多相似之处,这是由于历史趋势、地缘结构和秩序进程的相似性造成的。实质上,它们都以开辟新航路和新领土为导向,通过对海外资源和财富的暴力抢夺以及对海外领土的殖民统治来实现成为世界海洋强国的愿景。在欧洲,西班牙统治着近一半的天主教世界;在亚洲,它征服了菲律宾;而美洲除了巴西以外,全部是西班牙的领土。葡萄牙和西班牙国王的领土覆盖了整个世界,从墨西哥到菲律宾、印度和非洲。然而,到了 17 世纪之后,随着葡萄牙和西班牙相继衰落,全球海洋秩序的博弈基本上转向了英国和法国之间的竞争。海洋强国之间的竞争也逐渐从传统的掠夺海外财富转变为争夺海上贸易和海外市场的较量。

思 考 题

1.相较于英、法等欧洲传统强国,为什么葡萄牙、西班牙成为海权争夺的先锋?

2.为什么西班牙、葡萄牙两个国家在海权争夺的过程中昙花一现?

第二章

英国和法国:怒海争锋的两强

17、18世纪,世界历史进入一个新阶段。欧洲发生了一系列重大事件和变革,这推动了欧洲主导的"大西洋时代"的到来,同时也深刻影响了主要海洋大国在这一时期的战略构建和全球海洋秩序的博弈。《威斯特伐利亚和约》的签订,为欧洲国际关系奠定了新的基础。第一次工业革命激发了欧洲国家对市场和原材料前所未有的需求,导致单纯的海外占领已无法满足自身发展的需要。启蒙运动带来的务实主义精神不仅催生了资产阶级革命,也在深层次上加深了西方国家对殖民地的剥削和压迫。主要列强的海洋探索逐渐脱离了大航海时代的野蛮掠夺,在全球范围内建立起更具资本主义特色的殖民体系。作为海岛国家的英国和作为濒海国家的法国,在海洋战略的构建与博弈上,成为这一时期海洋强国战略的典范。

第一节　英国:引领海洋崛起的约翰牛

海洋和空气为世界人共同享有,海洋不归属于任何民族或任何个人。

——伊丽莎白一世

英国是一个小岛国,总面积仅约为24万平方千米,然而它却在海洋中展现出了非凡的力量,成为横贯近代以来四个世纪的海上巨人。自16世纪中期起,英国开始参与海上争霸,经过三个世纪的战斗,最终登上了海洋霸权的宝座,建立了一个"日不落帝国",并且保持了一百多年的海上霸权。

一、从城墙到舞台:英国人走向海洋

英国是一个典型的海洋国家,面朝大西洋,背靠北海,南临多佛尔海峡和

英吉利海峡,与欧洲大陆相对。可以说没有海洋,英国人就无法存活和发展。早期的英国屡次遭受欧洲大陆国家的入侵,而这些侵略的途径正是海洋。1436 年的一首英国诗歌《谴责英国政府》中写道:"坚守大海这堵英国的城墙,我们就能得佑于上帝之手。"长期以来,英国人将海洋视为一道"城墙",但到了 16 世纪,这个观念发生了重大变革。

15 世纪末,在都铎王朝统治下,英国逐渐崛起为一个强国,资本主义的迅速发展要求在全球范围内获取原材料和市场,以最大限度地积累财富。与此同时,从英吉利海峡另一边传来了西班牙和葡萄牙航海探险家成功致富的消息。这些消息向无知之人发出了一个即将到来的时代信号。它意味着,在一个刚刚重新被发现的世界面前,谁能够抢占先机,接受新思想,并更快地打破旧有的价值观念,谁就能够更快地变得富有和强大。在这个新世界的游戏规则中,赢得海洋比赢得陆地更为重要。

因此,这个时期的国际冲突主要是由商业原因引起的,表现为针对海上霸权和海外殖民地的争夺。在都铎王朝统治期间,各代国王都采取了重商主义经济政策,积极支持工商业的发展,鼓励出口贸易,推动了海外贸易的繁荣。到了 16 世纪中叶,随着经济和政治的繁荣,英国海上贸易进入了一个新的阶段。在国王的特许下,英国商人组建了许多经营海外贸易的公司(包括著名的东印度公司),大大推动了英国海外贸易规模的迅速扩展。

■ 二、从不起眼的海盗到确立海上霸权

(一)女王与海盗:挑战者的策略

历史给每个民族带来腾飞的机会都是有限的。伊丽莎白一世在 25 岁登基后,治国长达 45 年,为崛起中的英国抓住了这个时机,充分利用天然优势,从海洋中孕育出了惊人的力量。作为挑战者的英国想要在竞争中获得优势,该采用什么战略呢?女王在与几位海军将领商议后决定采取在海上阻击西班牙的白银贸易,袭击敌人沿海地区和殖民地的战略。而其中一个具体办法就是利用海盗。女王鼓励私掠船和海盗去掠夺西班牙等国的船队和殖民地,从而帮助英国扩大贸易和开辟殖民地。由于得到女王非同寻常的支持,英国的海盗与官方合流逐渐成为一支强大的力量,海盗活动逐渐合法化,被看作是国家发展的一种方式。许多海盗因为掠夺财富和开辟殖民地而有所贡献,逐渐跃升为海军大将。其中,最著名的就是德雷克。

在 1570 年到 1573 年期间,德雷克进行了多次美洲远航探险。通过仔细观察,他发现西班牙在美洲生产的白银是从秘鲁通过海船运至巴拿马地峡,然后由骡队运输到大西洋上的西班牙船只。他掌握了这条航线之后,下定决心要劫掠西班牙的白银骡队。于是,在 1572 年 3 月 24 日,德雷克从普利茅斯港出发前往美洲,并在巴拿马地峡抢劫了 30 吨的西班牙白银。此举受到女王的大力称赞。然而,德雷克并没有满足于此,他计划在麦哲伦之后完成一次环球航行,以此来打破西班牙在太平洋上的垄断地位。于是,在 1577 年 11 月 5日,他率领船队从普利茅斯港出发,横渡大西洋、太平洋和印度洋,绕过好望角,直到 1580 年 11 月才返回英国。德雷克成功地为他的资助者们带回了巨额利润,他们获得了 4700 倍的回报。伊丽莎白一世是其中的资助者之一,她拿到了 16.3 万英镑的分红,这个数目几乎等于政府一年的开支。女王亲自登上了德雷克的船,庄重地授予他骑士的荣誉,尽管更准确地说,德雷克的职业是一名海盗。同胞们因为德雷克的成功以及女王的鼓励,对远渡重洋有了更大的信心,越来越多的人加入了海盗和贸易的队伍中。

(二)英西海战:海上新强国初露峥嵘

英国海盗的行动引起了西班牙人的不满,因为作为新兴的竞争对手,英国明显抢走了海上霸主西班牙的许多利益。经过一次又一次的争夺和冲突,西班牙国王菲利普二世完全被激怒了,他下定决心要与英国展开一场生死之战。然而,在双方积极准备战争的时候,德雷克继续对西班牙人进行骚扰。1587 年 4 月,德雷克率领他的海盗船队突袭了西班牙的加的斯港,摧毁了大约 30 艘西班牙战船,得到了价值 750000 英镑的财物,整个加的斯港变成了一片火海。1588 年的夏天,菲利普二世派出了一支庞大舰队,遮天蔽日,穿越英吉利海峡,进攻英国。伊丽莎白一世试图通过谈判解决危机,但菲利普二世却冷笑回应,他坚信在两周之后,无敌舰队将击败英国人。

然而,两周之后,局势却完全相反。无敌舰队面对的是大西洋上最强大的对手,经过几天的激烈战斗,西班牙的无敌舰队一半沉入海底,一半匆忙撤回本土。1588 年的英西大海战被认为是人类历史上最重要的海战之一,对当时的世界产生了深远的影响。这场战役标志着 17 世纪英国海军实力的崛起,作为一个长期处于欧洲主流文明之外的岛国,英国首次以强国的姿态在欧洲大陆发出声音,并迅速成为世界海洋霸权和商业霸权竞争的中心。

（三）航海条例：开始制定海洋规则

当英国战胜西班牙的无敌舰队时，荷兰依然强大，英国还没有力量击败荷兰，建立海上霸权。在 17 世纪 20 年代和 30 年代，英国商人甚至被驱逐出东印度群岛，英国也无力阻止荷兰与西班牙在本国水域发动战争。然而，仅仅经过 15 年，一切都发生了惊人的变化。从 1588 年英西大海战到 1688 年的光荣革命，整整一个世纪的时间里，英国一方面调整内部体制，一方面积极扩大领土。经过百年的积蓄，英国人开始释放自己的能量。法国哲学家伏尔泰曾这样评价："把国王送上断头台的同一个国会，同时在忙于分配海外贸易的职位，仿佛任何事情也没有发生。查理一世的鲜血还在流淌着，这个国会却通过了《航海条例》。"

1640 年，英国发生了资产阶级革命，英国在"护国主"奥利弗·克伦威尔的领导下逐步向统一迈进。克伦威尔认为，作为一个岛国，英国要继续发展，就必须重视海洋。他不仅要保卫海岸线，还要在海上取得霸权地位。克伦威尔的海洋战略目标是建立世界贸易的霸权地位，为此他设立了一个"海军委员会"来掌控海军。为了打破荷兰的贸易垄断，克伦威尔在 1651 年颁布了著名的《航海条例》，规定欧洲货物只能使用英国船只运往英国本土，非洲、亚洲和美洲的货物只能由英国或英国殖民地的船只运输。荷兰对这一法令采取了强硬态度，于次年发动了一系列海战。最终，荷兰在与英国的战争中被英国的战舰和更高水平的战术击败。实际上，英荷两国之间的海战是关于谁应该统治海洋并获得商业利益特权的争夺。

（四）击败宿敌：确立海上霸权

当荷兰开始逐渐让位于英国时，法国也开始加强对海洋的关注，从而成为英国在海洋霸权上的最大对手。进入 18 世纪，世界已经进入了英法之间争夺殖民地霸权的时代，在全球范围内，两国在北美洲、非洲和印度展开了激烈的竞争。在西班牙王位继承战争时期（1701—1714 年），英国获得了法国在北美的殖民地纽芬兰和哈得孙湾，以及向美洲的西班牙殖民地供应黑奴的垄断权，这标志着英国在两国争夺海上霸权的斗争中取得了优势。随后，在奥地利王位继承战争时期（1740—1748 年），英国在地中海不断打击法国，导致后者的海军实力严重削弱，战舰数量不及英国的一半。在"七年战争"（1756—1763年）中，法国再次被英国击败，被迫签署了《巴黎和约》，英国从法国手中夺取了加拿大及其周边全部土地，以及俄亥俄河流域和路易斯安那在密西西比河东岸的部分，法国的势力基本被驱逐出北美洲。

然而，好景不长，美国独立战争给了英国以沉重一击，使其控制北美十三州的企图彻底失败。1783 年，英国彻底放弃了对这些州的控制，导致其在北美建立的庞大殖民体系几乎崩溃，对海洋霸权的争夺也经历了短暂低潮，这给了主要敌人法国喘息的机会。1805 年，拿破仑皇帝已经成为欧洲大陆的统治者，他计划联合西班牙进攻英伦三岛，但在特拉法加海战中，由英国海军将领霍雷肖·纳尔逊率领的英国舰队彻底击败了法国海军，使得英国最终确立了海上的绝对霸权。

三、世界第一海军与日不落帝国的建立

（一）世界第一强大海军

为了彻底实施自由贸易政策，英国始终坚持向海外扩张和占领殖民地的战略，将其视为国家的基本方针。海军被视为实施这一扩张战略的基本工具。因此，英国始终将海军建设摆在最重要的位置，其目标是使英国海军比其他两个国家的海军总和还要强大。到 1870 年，英国海军的舰船数量相当于法国、德国、意大利、奥地利和俄罗斯海军总和的 63％；到 1890 年，这一比例更高达 67.5％。英国还高度重视海军舰船的技术更新。英国海军舰船吨位不仅排名世界第一，而且在航速、续航力、装甲防护和舰载武器攻击力等方面也处于领先地位。这支强大的海军，确保了英国有实力控制通往东方航线的一系列战略要地。

（二）日不落帝国

在确立了海上绝对霸权之后，英国利用其具有优势的生产效率、强大的海军力量、广泛的贸易网络和遍布四大洲的殖民体系，不断巩固自身海洋霸权地位，并向东亚地区奔袭而去。1840 年至 1842 年期间，英国率先发动了侵略中国的鸦片战争，并与清政府签订《南京条约》，迫使中国割让香港，从而取得了在东亚地区的首个海外战略基地。1841 年，英国利用解决土埃战争的《伦敦海峡公约》阻止俄罗斯独霸黑海海峡，并确立了自己在黑海海峡上的自由通行权。

19 世纪末 20 世纪初，英国的殖民地总面积增加到 3350 万平方千米，约

占地球陆地面积的四分之一，相当于英国本土面积的 110 倍。这些殖民地的人口超过了 4 亿，是当时英国本土人口的 9 倍。因此，英国形成了一个横跨五大洲的"日不落"殖民帝国，成为世界上最强大的资本主义国家。

英国当时拥有世界上运载吨位最大的商船队，海上运输量占世界总运输量的一半，位居世界第一。此外，英国在国外进行了巨额投资，使其金融业保持着垄断地位。伦敦成为全球金融中心，英镑作为金本位货币成为国际上最稳定的货币和结算单位。

英国取得全球领导地位的过程，恰好是其成为海洋强国乃至海洋霸主的过程。正如马汉所说，英国海权的基础是"巨大的贸易、庞大的机械工业以及广泛的殖民体系"，而英国的海洋强国战略也是以此为基础展开的。回顾英国从崛起到称霸海洋的 200 年历史，其战略目标一直是争夺世界海上优势，确立在海洋贸易、海军实力和海外殖民地方面的霸权地位。而实践证明，为实现这一目标的海洋强国战略取得了巨大成功。进入 20 世纪，随着英国自身实力逐渐衰退，首先是更强大国家的崛起导致了英国地位的下降。其次，两次世界大战的爆发也是大英帝国走向衰落的重要外部因素。殖民地的民族解放运动也加速了英国的衰落。最后，缺乏变革精神是英国衰落的内部原因。到了 1945 年，在多种因素的综合作用下，英国的海上霸权走向了结束。

第二节　法国：扬帆万里的高卢雄鸡

> 我最爱海浪，因为它蕴藏着无比的威力，可以吞掉无数细小的沙粒，可以击碎坚硬的岩石。我就要做那样的海浪，把世界踏在脚下。
>
> ——拿破仑

在海洋强国更迭的历史长河中，法国是一个经常被忽略的海权国家。或许这主要是因为法国人更愿意追求欧洲和内陆的霸权，即使曾经支持海军力量发展的"太阳王"路易十四也只关注于"自然边界"的扩张。实际上，法国得天独厚的地理位置为其成为海权国家提供了良好的条件：它西临大西洋，西北方向则控制着通往波罗的海和北海的英吉利海峡，东南角则连接着曾经繁荣的地中海地区。此外，广阔的法兰西平原为法国提供了丰富的自然资源和军事战略纵深。可以说，国力强大的法国拥有比葡萄牙、西班牙、荷兰等国更为优越的条件，只是一直缺乏将海洋视为国家重要性战略的意识。

■ 一、黎塞留筹划海军

多年来，法国一直追求在欧洲的霸主地位，将关注焦点放在欧洲大陆上，海洋意识远不如其邻国西班牙以及荷兰、英国。在这些国家建立强大海军的几十年后，法国仍未意识到海洋的巨大作用，更不用说拥有自己的海军了。直到 17 世纪 20 年代，一位法国历史上杰出的人物——黎塞留（路易十三时期的红衣主教，1624—1642 年任首相）登上历史舞台，法国对海洋的认识开始发生重大变化。他亲自担任海军大臣，负责所有海上事务，并建立了四个海军基地和舰队，这标志着法国正式建立了海军，从此法国逐步成为海洋强国。法国人将黎塞留视为海军真正的奠基者，不仅因为他装备了舰船，更重要的是因为黎塞留的远见卓识确保法国拥有健全的组织机构，并保持海军的稳定发展。在他的政治遗嘱中，他满怀希望地指出，根据法国的地理位置和资源，法国有机会发展海权。

黎塞留创建法国海军的主要目的是使法国不再落后于其他国家。出于这个认识，初创阶段的法国海军只购买了一部分舰只，这些舰只大多数是从英国和荷兰购买的，甚至海军部分要职由荷兰人担任。这使得法国海军无法像英国和荷兰一样在全球范围内获得利益。海军与传统的陆军不同，是一种技术性的军种，它需要比陆军拥有更高水平的装备和技术要求，建立和维持这样一支部队需要强大的经济实力作为支撑。由于黎塞留创建海军时，主要的经费来源是国内的赋税，这给经济带来了沉重负担。而黎塞留的继任者——红衣主教马萨林（1642—1661 年任首相）果断停止了对海军的财政支持，这导致法国海军的发展受阻。到 1661 年路易十四上台执政时，法国海军仅有 30 艘战舰，其中只有 3 艘装备了 60 门火炮的战舰。

■ 二、柯尔贝尔主义下的海洋强国路

在路易十四的时代，法国出现了一位重视海军建设的大臣柯尔贝尔（1616—1683）。柯尔贝尔不同于之前的主导者，他从经济和全球的角度来理解法国建设海军的重要性，他希望建立一支追求经济和政治利益的世界级海军。他基于"重商主义"（也被称为"柯尔贝尔主义"）的思想原则，勾勒出了相当完整的海洋强国战略：他认为商船是国家创造财富的手段，而海军则是国家手中的武器，用来保护殖民地和商业利益。在他任职期间，一方面，他从英国和荷兰引进技术，开始自行建造舰船，使法国的船舶设计工作变得更科学化，

远远超过了英国只依据实际经验进行设计的情况；另一方面，他组建了法国自己的海军。为了确保船员的来源，他改革了传统的兵制，颁布了《海事法典》，规定了普遍的船员登记制度，以便在需要时随时从商船中征召有海上经验的人员补充海军。

此外，他还支持建立了一批独占海外贸易特权的公司，在编纂海军法典和殖民地法典的过程中，鼓励法国人移民到北美殖民地。在柯尔贝尔的努力下，法国很快成为强大的海上国家。到1683年柯尔贝尔去世时，法国海军共拥有107艘战舰，其中24艘配备了120门大炮，12艘配备了76门大炮，成为世界上最强大的海军之一，能够与任何国家的海军在公海上抗衡。然而，尽管已经拥有可观的海上实力，法国更感兴趣的仍然是在欧洲建立霸权，而非海外殖民活动。从16世纪开始，法国的波旁王朝将主要注意力放在占领意大利领土以及与奥地利和西班牙的哈布斯堡王朝进行战争上，海军往往成为地面战略的辅助力量。

■ 三、英法百年海上争霸

法国从未成为一个海上霸权的国家，但在17世纪后期，法国参与了长达百年的争夺海上霸权的战争。17世纪末，英国建立了资本主义制度，并成为唯一的海洋霸主，因此开始了更大规模的海外扩张和殖民侵略。与此同时，法国作为欧洲大陆最强大的封建国家，不仅在欧洲大陆上崛起，随着海上实力的增强和国内资本主义的兴起，也开始进行海外扩张与殖民侵略。法国的舰队进入了大西洋和印度洋，先后在亚洲和美洲获得了许多殖民地。法国海外势力的发展与英国的利益发生了尖锐的冲突。英国集中海军力量，在北美、西印度群岛和非洲的一些地区与法国展开了激烈的海战，以夺取法国的海外殖民地。可以说，在17世纪末和整个18世纪期间，英国和法国之间发生的一系列事件无不与争夺海洋霸权密切相关。

在与英国进行长达百年的欧洲争霸和世界领导地位的竞争中，法国在海战中多次遭受失败，这主要源于路易十四做出的错误决策。根据统计数据，在1689年至1697年和1702年至1714年的一系列冲突中，法国只将不到10%的开支用于海军，而陆军占总开支的57%～65%（相比之下，英国的海军开支占总开支的35%，陆军开支占40%）。甚至到了1760年，法国海军的预算只有陆军的四分之一。随着英法竞争从欧洲扩展到全球，从18世纪70年代中期开始，法国首次不惜一切地将资源集中在海战和殖民战争上，并且持续增加法国海军的预算。尤其是拿破仑在 1797 年曾壮言:"让我们集中力量发展我们的海军,并集中力量摧毁英国。此举成功之日,也是我们在欧洲称雄之时。"然而,在接下来的一年里,法国海军在尼罗河口战役中遭受惨败,开始走向衰败。尽管在拿破仑时期,法国曾经取得欧洲大陆的战略优势,但在海上却无法动摇英国的霸权地位。最终,在 1805 年的特拉法加海战中,由于缺乏训练和战斗力,法国海军被英国彻底击溃,失去了成为海洋霸权国的机会和理想。此后,自豪的高卢雄鸡既无法在欧洲大陆重现霸权,也无法在海外塑造有竞争力的殖民体系。

法国海洋强国战略的首要目标是建立与欧洲霸权相对应的海洋秩序,这个构建过程在地区和全球层面同时进行。在不断迈向海洋强国的道路上,法国一直面临历史趋势倡导的向海洋发展以及其地缘环境和欧洲大陆内部激烈竞争之间的不协调矛盾。然而,法国的海洋强国战略始终未能完全解决这种结构性矛盾。法国海洋强国战略的诸多缺陷,关键点在于国家的战略观念以内陆文明为主导,将海洋文明置于一种"不健康"的依附地位。当然,法国海洋强国战略也为后世的陆地性濒海大国崛起提供了经验。

思 考 题

1.英国是典型的海权国家,也是第一个真正建立起能够掌控全球海洋的"日不落帝国"的国家,拥有全球重要的海运要地。这些海运要地有什么重要性?

2.柯尔贝尔主义影响下的法国采取了哪些措施以走上海洋强国之路?

第三章

美国和苏联：征服海洋的两极

　　从 19 世纪到 20 世纪，是一个充满挑战的时代，崛起的国家与霸权国家在全球范围内展开了激烈的权力竞争和霸权争夺。在经典海权理论的影响下，国家之间的竞争与对抗也必然涉及对现有海洋秩序框架的挑战，崛起的大国纷纷意识到海洋力量的增强是实现国家崛起的有效手段和重要机遇。直到第二次世界大战结束，世界进入主题为"和平与发展"的新阶段，世界海洋史上最为惨烈的一个世纪也就此终结了。昔日列强的殖民地纷纷取得了民族独立，旧时代海洋秩序的基石——殖民体系宣告解体。与此相应的，经济全球化和区域一体化使国家之间的相互依赖逐渐加深，实现"合作共赢"成为国际关系中的重要路径，海上贸易和运输的作用日益凸显，共享海洋战略价值的趋势变得更加明显——全球海洋迎来了新的和平与开放时代。作为当时最具代表性的全球海洋强国，美国和苏联曾经集中精力在全球范围内进行对峙和博弈，两国不断扩大海上力量的竞争，使其他国家在海上活动的空间越来越小。这一时期美苏两国的海上争霸，恰恰展现了世界海洋时代的两种主要趋势：陆权国家与海权国家之间的博弈，以及崛起国家对霸权国家的挑战。

第一节　美国：纵横四海的白头鹰

　　　谁控制了海洋，谁就控制了世界。

——马汉

　　美国东濒大西洋、西临太平洋，是一个典型的海洋国家。这个国家由欧洲移民及其后裔建立，欧洲移民是通过海上来到美国的，因此，美国的发展与海洋密切相关,美国人一直对海洋有着独特的认识。在独立战争中,为了打破英国对海上的封锁并取得战争胜利,美国建立了最早的大陆海军。到了19世纪40年代,美国国土已经延伸到了墨西哥湾和太平洋沿岸,实现了对大西洋和太平洋两个大洋的"兼顾"。在一个世纪的时间里,从将海洋视为"护城河",到"海权"概念的产生,再到后来争夺世界霸权,美国的崛起之路表现出海洋强国的典型特征。

一、马汉"海权论"

19世纪末,美国进入了帝国主义阶段,其经济实力超过了传统的强国,开始全面扩张。在这个时期,马汉提出了海权论,为美国在海洋领域称霸奠定了理论基础。1850年,艾尔弗雷德·马汉从哥伦比亚大学转入波利斯海军军官学校,之后在海军服役长达25年,对海军战略和海军史产生了浓厚的兴趣。他利用自己的研究心得和体会,写了一本研究内战时期海军战斗的小册子《海湾和内陆江湖》。偶然间,美国海军学院院长卢斯看到了这本书,决定邀请作者到学院讲授海军历史课程。1886年,卢斯推荐马汉担任海军学院院长。在院长任上,马汉讲授关于当代海军战术和海军史的课程,同时将讲义整理成了书籍。因此,他的三部重要著作《海权对历史的影响(1660—1783年)》《海权对法国革命和法帝国的影响:1793—1812》和《海权与1812年战争的关系》问世,并对后人产生了巨大影响。

马汉强调的海权核心思想是:一个国家的强大和世界地位取决于其是否能够掌控海洋。马汉坚信,美国是一个具有政治和经济优势的国家,将成为下一个海洋强国乃至海洋霸主。为了实现国家强盛的梦想,美国必须放弃"大陆政策",转向海洋,并占领海外殖民地。这也就是安德鲁·兰伯所评价的,"他大力主张建设一支用来控制海洋的战斗舰队,以确保美国在世界上的地位,不要再遵循美国常规的海军战略,即只把舰队用在商业袭击和海岸防御上"。马汉的理论被美国政府所接纳,成为指导美国制定海洋战略的思想工具。随后,西奥多·罗斯福总统和威尔逊总统将其作为国家政策积极实施,成为当时美国军事战略的重要组成部分之一。根据马汉建议建立优势海军的思想,美国大力扩充了海军力量,不仅建立了优势海军实力,而且在美国国内树立了尊崇海军的观念。马汉的理论在美西战争和两次世界大战中得到了实战的考验和发展,并随后一直成为美国海军战略和海上战略的基本指导思想。

■ 二、海洋军备竞赛

根据马汉的理论，要想在战争中控制海洋，首要任务是消灭敌方舰队。为此，美国必须建立现代化海军，凭借其实力向外扩张，这至关重要。美国海军崇尚并实践马汉所提出的理念，致力于建造更多、更先进的战舰。1890年，美国国会通过了海军法案，同意建立一支远洋海军，自此开启了一段建设全球海军的新纪元。美国海军的吨位由原本排名第12位跃居至第5位，成为世界级海上力量。1898年，美国对西班牙这个老牌海洋强国进行了第一次海外扩张试验——美西战争。经过100多天的战争，美国最终逼迫西班牙在巴黎签署和约。这场战争既是崛起的海洋国家对传统海洋强国的挑战，也是"美国崛起为主要海洋强国"的里程碑。1916年，美国总统伍德罗·威尔逊呼吁建立一支可与世界上任何国家所匹敌的强大的海军，即世界第一大海军。自此，美国海军进入了追求海上优势的新发展时期。

美国国会通过了《1916年海军法案》，希望以此使美国海军迅速超越英国，成为世界排名第一的海上强国。第一次世界大战结束时，美国已经成为一流的海军大国，只比英国稍逊一筹。在战后的巴黎和会上，英美之间围绕海洋问题的矛盾成为主要矛盾，两国为此展开了激烈争斗。美国声称英国的海军实力与其国防需求完全不匹配，必须改变这种局面，并威胁要建立世界上最强大的海军。英国则宣称将不惜一切代价使其海军优于美国或任何其他国家，并要求美国放弃海军扩建计划。结果，在这场被称为"巴黎的海战"的争斗中，美国未能取得成功。巴黎和会结束后不久，美国发起了一场海军竞赛，而英国和日本纷纷加入，导致各国经济不堪重负。因此，1921年11月，华盛顿会议召开，美国、英国、法国、日本和意大利五国签署了《关于限制海军军备的条约》。华盛顿会议可谓是全球体系建立之后对海洋力量进行的首次分割。作为会议的东道主，美国从原本的海洋秩序参与者一跃而起，成为全新海洋秩序的塑造者，崛起为全球性的海洋强国。1927年，美国已经成为新海洋秩序的获益者，通过国会法案将海军预算提高到战前的4倍，标志着全球海军扩张的新阶段的开始。其他海洋强国也纷纷加快了扩充海军力量的步伐。直到1930年1月伦敦海军会议召开，并签署了《伦敦海军条约》。这一条约的签订可算是美国的胜利，通过这一次"战役"，英国对美国的海上优势也完全丧失，美国已经成为世界海上的霸主。

三、美苏海上争霸

第二次世界大战结束后，美国开始奉行反对苏联扩张和防止共产主义传播的思想，采取对苏联的遏制和威慑措施。在这一过程中，两个超级大国之间的竞争实质上是海权国家和陆权国家之间的较量。由于美国的遏制战略是全球性的，这必然依赖于具有全球投射能力的海军，特别是航空母舰。基于此，美国在大西洋、太平洋和印度洋上建立了相对完善的边缘防御体系，而维持这一体系的核心力量是全球性的远洋海军。这一战略方针在朝鲜战争、苏伊士运河危机等国际事件中都得到了体现。可以说，冷战初期的美国海洋战略以安全战略为核心，旨在积极遏制苏联的扩张。进入20世纪60年代后，"苏攻美守"的态势不断加强，在远洋争霸上美国落后于苏联，因此转而加大对国家海洋发展的关注和支持，并试图在制度和技术层面保持领先地位，注重打造综合性的海洋实力。

在这个时期，美国开始尝试在海洋领域进行制度创新，这为其海洋强国战略的发展带来了新的战略维度。在20世纪80年代，经历了一段复苏期的美国重新制定了雄心勃勃的海洋强国战略，并开始重新部署和建设。为了积极响应里根政府提出的"重振国威""重整军备""将苏联推回"的三大政策，海军领导人莱曼于1982年提出了"海上战略"理论和八大基本原则。此后，前沿部署、海上威慑和与盟军的联合行动成为美国海洋安全战略的主要支柱，这表明当时美国海洋战略重新回到了以海洋安全为主导的局面。这种以军事为核心的海洋战略在重新占据海上优势的基础上，成功地削弱了苏联的全球扩张态势。

总的来说，美国成为海洋霸主后，采取的海洋强国战略一直致力于维护其作为世界领导者的地位，并成功应对和打击了苏联在全球海洋秩序方面的挑战。与前任海洋霸主英国采取的战略相比，美国的海洋战略在制度建设和国内管理方面展现出更强的优势。尽管冷战结束了，但美国的全球海洋影响力并未减弱，正如美国总统军控特别顾问爱德华·罗伊所说，"尽管苏联威胁消失了，但美国对强大海军的需求并未减少，也没有减弱美国的全球使命"。

海洋军事的重要性开始减弱，而美国的海洋强国战略也开始朝着政治、经济、安全和文化并重的综合性战略的方向发展。美国对海洋开发与海洋科学的投入也更加均衡。安全与发展两者并立，提高国家海洋软实力的目标，不仅为海洋强国的发展划定了全新的领域，使得以往只以海洋贸易和海军力量为评估标准的经典海权学说得到了前所未有的升华,同时也引领了世界其他海洋强国和国际组织对海洋制度的认知与评估。

乔治·弗里德曼曾在他的书中预言:伴随着世界主要地区势力的崛起,21世纪的大国纷争必将愈演愈烈。躁动的太平洋地区、貌合神离的欧盟、不安稳的伊斯兰世界,太平洋盆地和欧亚大陆上时刻都充斥着火药味。

第二节　苏联:由陆向海的北极熊

一个国家如果只有陆军如同独臂,只有有了海军才双臂齐全。

——彼得大帝

以前,俄罗斯是一个内陆国家,没有能力控制除了白海以外的任何出海口。但是在彼得大帝之后,俄罗斯成功地将自己从一个内陆国家转变为一个靠近海洋的国家。在这个转变的过程中,俄罗斯的海洋实力和国家实力都得到了拓展,并成功崛起成为地区秩序和全球秩序的重要参与者。

■ 一、为出海口而战

17世纪时,俄罗斯的发展受到缺乏通向黑海和波罗的海沿岸的天然出海口的重要制约。因此,彼得大帝掌权后纠正了俄罗斯固有的陆地蚕食传统,并提出了"俄国需要的是水域"的经典言论。1695年,彼得大帝亲自领导开辟通往亚速海的出海口。随后,他派遣大量使团前往欧洲先进国家,学习造船业、航海技术和海军战术,并聘请欧洲专家学者积极发展军火工业。历史证明,俄国成功地从内陆国家过渡为沿海国家,并迅速成为该地区海洋秩序的主导者。

1700年,俄国从土耳其争得了第一批黑海出海口,并发动了北方战争以对抗瑞典。1703年,俄国设立了海军部,进一步提升了海军在国家战略中的地位。1712年在北方战争尚未结束时,彼得一世勇敢地决定将首都迁至临海的圣彼得堡,这一选择不仅挑战了"俄罗斯传统对抗海洋的本能",而且使得俄罗斯能够与欧洲各国保持密切联系,尤其是与海上强国建立了重要的经济关系。1721年,俄罗斯获得了波罗的海的出海口和海上霸权,次年又获得了里海沿岸的波斯属地,打开了通往黑海和印度洋的大门。而彼得大帝获得南下出海口的愿望直到叶卡捷琳娜二世时期才最终实现。1799年,俄罗斯迫使土耳其签订了被称为《俄土同盟条约》的秘密条款，规定俄罗斯军舰可以自由驶入黑海，并禁止其他外国军舰通过海峡进入黑海，俄罗斯因此独占了对黑海海峡的控制权。

■ 二、近海防御与远洋进攻之间的摇摆

日俄战争结束后，俄国海军开始衰落。十月革命后，新生的苏维埃政权在改造沙俄海军的基础上组建红海军。但直到1955年之前，苏联海军仅限于近海防御，无法进行远洋作战。实际上，苏联人对海洋的重要性认识并没有减弱，只是受限于当时的条件，无法恢复远洋海军的霸权地位。在冷战开始后，苏联采取积极防御战略，海军主要进行近海防御，强调将海军力量用于抗击敌方登陆行动。随着冷战形势的发展，面对美国对欧亚大陆边缘地区的包围和遏制，苏联必须在保持陆权优势的同时，打破美国对海上的封锁，确立有利的战略态势。

1950年，苏联效仿欧美海洋强国的做法，成立海军部，开始将海军战略从"近海防御"转向"远洋进攻"。然而，在赫鲁晓夫上台后，过于依赖战略核武器，忽视了常规军事力量的发展，认为战略火箭军是"国防力量的基础，是决定性的手段"，认为"核武器的数量将决定战争的结局"，并认为"空军和海军已经失去了它们过去的作用……不是要被削弱，而是要被代替""大型水面战舰已经过时，巡洋舰只适合国事访问，而航空母舰也只是核武器的'活靶子'"。在这种思想的支配下，赫鲁晓夫改变了斯大林对远洋力量建设的重视，将海军部与军事部合并为国防部，并削弱了苏联海军的实力，转而集中力量发展核潜艇和远程航空兵。1962年10月发生的古巴"导弹危机"，除了潜艇外，苏联海军几乎没有能够派往加勒比海活动的水面船只，运载导弹的船只不得不接受美国海军的检查。

■ 三、国家海上威力理论与世界第二海军

（一）海上威力理论

1955年，苏联领导人赫鲁晓夫任命戈尔什科夫为第一副司令，这个决定意外地将苏联推向了成为海洋强国的历史顶点。戈尔什科夫在他的著作《国家海上威力》中提出了海上威力理论。他认为，国家的海上威力是各种科学、经济开发和保卫国家利益的物质手段合理结合的总和，决定了各国利用海洋

的军事和经济潜力的能力。海上威力理论可以说是新时代的海权理论。首先，海上威力理论是面对新时代世界海洋问题提出的。在 20 世纪 60 年代，人类在海洋中的活动范围不断扩大，从海面延伸到水下、海面上空和大洋底。海上军力几乎可以对地球表面的任何地方进行攻击，超级大国凭此统治海洋和世界。在和平时期，他们也把海军当作"炮舰外交"或者"航空母舰外交"的手段。其次，马汉时期"海权"的概念得到了发展。实施"海权"并不仅仅依靠军事力量，还需要充分利用国家的整体实力，包括政治、经济、外交以及现有和潜在的一切能力和力量，以达到控制和利用海洋的目标。实现"制海"不仅仅是为了获得海洋通行自由，还包括开发海洋资源和利用海外基地的目的。实施"制海"并非仅通过海战的方式进行，对于不同的任务，需要采取不同的方式，也可以通过政治、外交斗争，通过国际会议争取建立新的海洋法律秩序来实现。

（二）世界第二海军

戈尔什科夫在担任苏联海军总司令期间，主张大力发展海军，他认为海军的重要性不仅是战争时期实现政治目标的有力工具，也是和平时期可用于展示的国家经济和军事实力。戈尔什科夫与其前任不同，没有强调远洋舰队的建设，而是在传统的"近海防御"战略基础上，提倡发展以核技术为主的导弹核潜艇和能够携带战略核武器的大型导弹驱逐舰等海洋力量，间接推动了远洋海军建设的计划。1955 年 9 月，苏共中央决定加快海军建设的速度，并明确提出建设强大的远洋导弹核舰队的目标。1962 年古巴导弹危机后，戈尔什科夫提出海军建设应该"均衡发展"，重新开始研制大中型战舰，并逐步实现了舰艇的大型化、导弹化和核动力化。

1966 年至 1985 年是苏联远洋导弹核舰队建立的时期。苏联在勃列日涅夫担任苏共中央总书记后提出了"积极进攻战略"，既要准备核战争，又要准备常规战争，因此重视扩大海军力量。苏联很快成为世界上第二个拥有从海上发射战略核武器能力的海军力量。到了 20 世纪 80 年代前后，苏联海军达到了巅峰状态，除了航空母舰规模外，其海军实力已经足以与美国媲美。正是在这一时期，苏联海军基本完成了由"近海防御"向"远洋作战"的战略过渡。戈尔巴乔夫担任苏共中央总书记期间，提出了一系列"新思想"，从而在军事领域改变了苏联的战争观。苏联海军的战略方针从过去的"远洋进攻"和"先发制人"转变为"濒海方向的防御"和"对敌人的首次打击实施反击"。从 1986 年开始,苏联海军逐渐减少在前沿地区的作战兵力,并显著降低了远洋活动的频率。苏联海军呈现出"少而精"的特点,尽管如此,它仍然是仅次于美国的世界第二大海军。然而,苏联的解体使得追求质量而非数量的战略努力瞬间毁于一旦。

总的来说,俄罗斯/苏联的海洋强国战略表现出明显的历史转折。冷战中苏联更加注重海军力量的发展,主要目标是向美国的海洋霸权施加威胁和挑战。因此,苏联的海洋强国战略仍然是一种"崛起战略",并具有针对性。与美国相比,苏联在海洋事业发展方面缺乏连续性,明显受到领导人个人意志的影响。这一问题既源于苏联长期以来的内陆战略导向,也是其政治和经济体制的局限性所致。而这再次凸显了海洋时代长期存在的一个问题,即维护和塑造海洋秩序的根源仍然在于开拓海外市场和发展海上贸易。在这个层面上建立坚实的国家基础才能实现更持久的海洋实力。

思 考 题

1.美国是如何运用海权论这把钥匙走向全球的霸主宝座?

2.冷战时期,苏联采取了哪些谋求扩大海权的措施?

中　篇

第四章

中国古代的海洋活动与海权维护

我国是世界上最早利用海洋、开发海洋和发展航海事业的国家之一。在人类海洋文明史上,曾经创造了引人注目的辉煌成就,铭刻了光辉的历史篇章。早在距今数万年前,北京周口店的山顶洞人就开始以海洋贝壳作为装饰品。在先秦时期,已经开始进行海上农耕,并在古代文献中记载了"骆田"的海洋农业。到了公元前6世纪,我国已经有了舟师。春秋战国时期,位于沿海的吴、越、齐、燕等国家已具备捕鱼业和盐业的优势,并开辟了便利的海上交通。公元前,我国就开始构筑海上丝绸之路。唐代时,我国的贸易路线已延伸至波斯湾,开辟了当时世界上最长的海上航道。

明朝时期,郑和率领的船队进行了一系列的远洋航行,比葡萄牙人、西班牙人所实现的世界航海史上的重大成就早了七八十年。随着明朝的衰落,南明时期出现了民族英雄郑成功,他勇敢地踏上了驱逐荷兰侵略者的艰难之路,收复了宝岛台湾,并捍卫了中国的海权。郑成功面向海洋,发展海上贸易,在东南沿海成为海上霸主。他加强了与日本、菲律宾等国的贸易关系,扩展了海上丝绸之路的航线。郑和和郑成功是中国历史上极为罕见的具有海权意识的人物。他们勇于冒险、善于开拓,创造了中国历史上的海上奇迹。

第一节　明朝之前的中国海洋活动

长风破浪会有时,直挂云帆济沧海。

——李白

中华文明起源于长江、黄河、西辽河等大河流域,河流为早期农业的发展提供了稳定且充足的灌溉水源,沿岸肥沃平坦的土地适合栽培作物与定居,先民们逐渐形成了农耕的生活方式。尽管我国的主要经济活动是农耕,但中华民族的发展始终与海洋密切相关。

一、先秦时期的海洋探索

从旧石器时代到新石器时代早中期,中国先民与海洋的接触不断深化,海洋的物产和元素成为他们生活与文化的一部分。山顶洞人遗址出土了海贝饰品;三里河遗址大汶口文化层的灰坑中,发现了用贝壳制作的蚌匙、蚌刀、蚌饰等;河姆渡文化遗址出土的动物残骸中,有鲨鱼、鲸等海洋生物,当时居民能够制造和使用木桨、独木舟等工具,进行海洋渔猎活动。

随着时间的推进,龙山文化和百越文化作为先秦时期中国先民海洋活动的重要见证登上历史舞台。龙山文化是中国黄河中下游地区距今 4000 年前后的一类文化遗存,属新石器时代晚期。龙山文化得名于其最早的发现地——山东历城龙山镇(今属章丘)。渤海、黄海沿岸的龙山文化先民已开始了早期的海上活动,将龙山文化的器物和习俗跨海传播到辽东半岛各地。渤海和黄海北部的沿岸和岛屿上,留下了龙山人乘舟漂航的痕迹。

百越文化泛指上古时期我国东南沿海地区越族各系先民所创造的文化。考古学与遗传学证据表明,广布于太平洋、印度洋岛屿上的南岛语族,其起源与百越文化密切相关。奇和洞、亮岛、壳丘头等遗址的发掘显示,福建是南岛语族先民重要的起航地。福建沿海的壳丘头文化与台湾沿海的大坌坑文化有很多相似之处,而大坌坑文化被认为是南岛语族先民的代表性遗存。古 DNA 分析技术则揭示了中国南方的福建及其毗邻地区是南岛语族的起源地。

在夏商周时期,先民对海洋的探索逐渐深化。根据《竹书纪年》的记载,夏王朝国君芒曾"命九夷,东狩于海,获大鱼"。商王朝中期的疆域向东方海滨扩张,兼之贸易网络的广泛建立,中原地区与沿海地区的联系大大加强,商王朝获得海洋资源的渠道得以拓宽。在商王朝控制版图内,尤其是安阳殷墟等大型聚落遗址,已出土了数以十万件之多的海贝,殷墟发现的商王武丁之妻妇好墓就随葬货贝近 7000 枚。

商王朝中期,随着疆域向东部沿海扩张,海洋资源开始被大规模开发和利用,生业经济和商品贸易活动得到了发展。在渤海的西岸和南岸,人们大力开发盐业与渔业资源。这一时期,木板船的出现标志着造船史上的一次重大突破。后来,通过不断的改进,各种适航性好、能够抵御风浪的船舶相继问世,为后来的远洋航海提供了安全可靠的航行工具。

中国的海洋活动的确切历史记载始于春秋时期。公元前651年,齐桓公在葵丘召集了众多诸侯进行会盟,确认了霸主地位。齐国成为能够直接控制山东半岛及渤海航线的海上强国,其势力甚至延伸到了东海。燕、齐的航海者从山东或辽东半岛出发,经过朝鲜半岛,航行到了日本,开辟了两条航线。春秋时期的航线是沿着左旋环流进行的。战国时期,随着航海技术的提高,又开辟出了一条从对马岛直航到日本北九州的航线。吴、越两国崛起于长江下游和东南沿海,因居民靠近江河居住,造船业蓬勃发展,相继战胜楚、齐等国,争霸天下。

春秋战国时期,各国之间的战争不仅在陆地上进行,也在海域上展开。海战的需求推动了这时期造船业的发展。吴王夫差征服了楚国,并使越国臣服于其统治下。在他准备多年后,于公元前485年春天发动了对齐国的战争。夫差派遣徐承率领水师主力舰队,绕过海路前往齐国,展开远征并突袭山东半岛。由于此前在内河连续取得胜利,吴国海军过于自信,忽视了作为临海国家的齐国的军事力量,最终在黄海的海战中败于齐国。

二、秦朝至隋唐繁荣发展的海洋活动

秦始皇统一中国之后,积极开发中国东部沿海地区,派遣方士徐福渡海。徐福招募了数千名童男童女、工匠、水手和弓弩手,并乘船沿无棣沟前往渤海,在现今黄骅港附近的大口河出海,远渡至日本。关于徐福的去向,一些学者认为他去了日本。徐福东渡实际上反映了秦朝人民对海外未知领域的探索,在这个过程中,徐福从一个方士的角色转变为一个航海家。从中华文明发展的视角来看,徐福的东渡代表了中国历史上罕见的海上探索,也是中国早期海外交通和移民历史的典型案例。

两汉时期,楼船军已经在番禺(今广州)沿海一带活动。汉景帝通过削藩政策实现对东海郡、会稽郡等沿海地区的控制,直接将汉朝的实际控制范围延伸到海上。汉武帝登基后,国库充裕,决定将商路拓展到海外。平定南越国后,当时海上丝绸之路得以建立。从合浦出发,这在历史上被称为"徐闻、合浦南海道"。海上丝绸之路西线起点是中国,终点是斯里兰卡和印度,与罗马帝国的贸易没有实现直接对接。

东汉和三国时期,在许多中外航海贸易商的努力下,罗马与中国最终实现了直航。三国东吴的孙权派遣朱应和康泰出使南洋,与辽东建立联系,同时开发台湾,促成中国海上活动第一次高潮。在此期间,东吴的孙权发动三次大规模的航海活动,但为东晋和南朝开辟通日南道打下了基础。在两晋南北朝时期,许多中国僧人前往印度朝圣,法显是其中杰出的代表。

隋唐时期,航海技术达到了一个新的高度。隋朝的航海者对于风向和海流的了解更加深入,利用罗盘和星象进行航行定位。同时,船舶制造技术也得到了显著的提升,例如多层船舱和独特的船桨设计,大大提高了船舶的稳定性和航行速度。当时,中国海船经常航行至日本,中国的船工还受邀为日本建造使船,中国的造船技术开始传入日本和朝鲜。

唐代,中国与日本的经济交流得以全面展开,与东南亚的贸易保持良好态势,与波斯、阿拉伯等国的经济贸易往来频繁,推动亚洲海洋活动繁荣发展。加之江南地区经济发展,我国海洋重心逐渐南移,东南沿海港口兴起。从中国出发经东南亚、南亚到波斯湾的海上航线全程约为 14000 千米,从中可以看出"海上丝绸之路"的惊人发展。这条航线不仅是当时世界最长的海上航线,也是 16 世纪以前世界上最长的海上航线,充分展示了中国在海洋开发领域的领先地位,标志着唐代对外贸易和文化交流的繁荣。

海上丝绸之路是在唐朝官民的开拓下发展的,不仅用于商业活动,还被用于政治活动,更为重要的是能够利用海洋进行军事活动。唐朝常常利用海路来补给军队和输送兵员,相对来说,海路比陆路更快捷,通过大船能够一次运输大量的军需物资和士兵,从而节省时间。《旧唐书》记载,唐太宗对高句丽发动大战时,一边在陆地上进攻吸引敌方火力,同时在当时称为登州、莱州的两地集结水军,通过海路直达朝鲜半岛,从而形成对高句丽的夹击态势。

三、宋元时期的世界商贸中心

宋代的海洋经济意识表现为对市场交换的认识,这是中国古代海洋意识中浓重的一笔。宋朝政府积极推行海外贸易新政策,鼓励民间海商参与海上贸易,以增加地方财政收入。政府重视海外贸易,吸引外国商人来中国进行贸易,同时鼓励国内商人走向海外开展贸易。政府还奖励那些在海外贸易中有卓越贡献的私人贸易者,并授予他们官职。

远洋船只主要从泉州和广州两港出发,沿着唐代"通海夷道"抵达波斯湾及其周边地区。然而,相比于唐朝,宋朝的海船活动范围更广,已经扩展到红海和东非沿岸地区。宋朝政府允许海商从政,这对当时的政治产生了一定影响。南宋末期,泉州市舶司的蒲寿庚在泉州地方经济和政治方面起着举足轻重的作用。

宋朝还对唐朝以来的市舶制度进行了完善。市舶司是负责"掌蕃货、海舶、征榷、贸易之事，以来远人、通远物"的机构。宋朝在唐朝广州市舶使基础上在泉州、明州、登州等地曾置六处市舶司，市舶司下设市舶务（或场）形成了两级建制机构。

宋朝除了官府祭祀各种本土海神、龙王、观世音外，各地也出现了许多区域性海神。福建的地方海神妈祖于宣和五年（1123年）被宋廷敕封"灵应夫人"之尊号，开创了历代帝王封赐妈祖的先例。进入南宋后，宋廷共敕封妈祖约13次，并将其由"夫人"晋升为"妃"。妈祖成为神明的时刻正值中国帆船时代的鼎盛时期，海上运输、贸易和商业繁荣。对妈祖的祭祀除了给航海相关人员带来精神寄托以外，也增强了海洋社群的凝聚力，使中国沿海以及中国海周边其他国家与地区的华人和当地居民共同建立起海神信仰的圈子。

元朝是由蒙古族统治者建立的朝代，在大范围拓展疆域后，建立了一个以自由贸易和单一的世界性法律为基础的全球秩序。元朝的自由贸易政策消除了亚欧大陆的地理障碍，重新整合了海上和沿海港口资源，使海上事业达到了新的高峰。官方和私人海商大量参与海外贸易，形成了积极主动的局面，海上航海事业已经与整体国民经济紧密联系在一起。

元朝采取了一系列措施和政策来鼓励和支持海上贸易，并与安南、占城、爪哇等进行交流，这在某种程度上沿袭了宋朝的海洋新规。这些举措在一定程度上促进了海洋经济的发展和拓展，并表明元朝对海洋的认识超过了宋朝。忽必烈在建国后立即发布诏书，宣布"诸蕃国列居东南岛砦者……其往来互市，各从所欲"。

元朝对待海商的态度非常宽容，政府允许外商入籍，并把"蕃客"视为地方居民，并给予其较高的政治地位。在进行海外贸易的过程中，政府采取了官资船的方式，出资制造船只并投入商业资本，选择并组织经商能手进行海上贸易。所获利润七成归政府，三成归经商者。此外，政府积极鼓励私人商贸，民间的海洋贸易也十分繁荣。这些举措充分证明，海洋经济意识已经成为当时社会的一种普遍风尚。

当时的蒙古帝国疆域遍及欧亚，地海交通便利，已成为全球最大的经济体。北方和南方之间的运河交通也得到大规模改善和完善，并通过近海航行来运送货物，增强了南北方之间的物资流通，推动商品经济的发展。从元朝采取的政府措施和民间商贸行为来看，当时的海洋意识已经达到了很高的水平。

四、从兴盛到衰落,中国海洋文明的遗憾

古代中国自秦汉时期起至元末时期,官民合力,整合东亚其他力量,长期主导着与中国周边海域相关的商品贸易、文化交流以及其他海上活动,时间长达一千多年。朱元璋及其后裔在中国海上事业迅速发展的背景下,实施了严格的海禁政策,这可以看作是一种刹车和倒退,使中国海上事业遭受了不可逆转的衰落,并把海洋经营权交给了西方势力。

明清时期的禁海政策是绝对专制君主制的必然产物,禁止人民自由迁徙则是所有绝对专制体制的共同特征。对于绝对专制体制下的君主来说,海外贸易的利益和关税收入容易成为割据地方政权的重要财源。基于这一事实,"有明一代,海禁甚严,其视贩海者,均属不良之人,素为律令所禁绝"。清政府则"视华侨为盗贼、叛逆、汉奸、边蠹,认定华侨在政治上危害清朝的统治"。

大航海时代后,西方国家往往形成政府、私营商人和海盗密切合作的局面,政治和军事征服与航海贸易扩张是同时进行的。然而对于中国明清两朝绝对君主专制政体来说,关闭国门、限制发展海上活动是迫使人民顺从的最有效的方式。因此,明清王朝故意并全力遏制人民对海洋的发展冲动,而朝廷本身不愿意也没有能力经营海洋。

第二节　郑和、王景弘下西洋:古代海权战略先驱

> 欲国家富强,不可置海洋于不顾。

——郑和

1405 年,明成祖朱棣派正使郑和、副使王景弘出使西洋,带领 62 艘巨型宝船、2.78 万余名官兵和水手组成的庞大船队。在接下来的近 30 年里,王景弘先后以副使的身份多次参与组织和领导下西洋活动,并在郑和去世后,独自指挥了第八次下西洋航海活动。郑和、王景弘下西洋是中国历史上海权发展的初期阶段,他们将目光投向海外,开始规划对外交流,并在这一过程中建立了一个初级的海上国际体系。这个体系具有鲜明的政治色彩,而军事力量在经营海权的过程中也展现了与西方完全不同的特点。尽管贸易的目的不是为了盈利和促进本国经济发展,但基于朝贡贸易关系的贸易网络得以建立。因此,郑和和王景弘下西洋被视为东西方大航海的里程碑。

一、片板不许下海和放松海禁

纵观中国历史，明朝与海洋的关系很独特。多数中原王朝的发展自西向东，尽管很早就到达了海岸，但几乎没有采取进一步向海洋拓展的大规模行动或计划。中原王朝主要面临的外部威胁来自北方（包括东北和西北），而海疆在明朝以前一直是最平静的地区。与海洋有关的战争在中国的历史中非常少见，以致于在战略思想领域，几乎没有人重视海洋因素。在这样的背景下，14世纪到17世纪的明朝显得特别独特。当时的中国曾是"世界上最强大的海洋国家"，因此，这个时代在中国历史中有着令人瞩目的地位。

明、清两个朝代的皇帝们所遵循的"锁国禁海"的政策，可以追溯到明太祖朱元璋时期。明太祖在建国时成功地收复了中原并将元朝势力驱逐到塞外，但是其残余势力仍然相当强大，因此明廷必须高度重视北疆的边防。与此同时，东南沿海地区的方国珍、张士诚等势力虽然已经被消灭，但是逃入海中的残余势力仍然对国家安全构成威胁。此外，日本的倭寇行为非常猖獗。从元朝时开始，因为日本内战，一部分武士和浪人逃亡到中国沿海进行抢劫。到了朱元璋时期，这种情况更加严重。面对陆海两方面的威胁，明王朝必须做出战略选择。明太祖在权衡利弊的基础上，吸取了元朝在海外作战失败的教训，确定了重陆地防御、轻海上防御的基本原则。他采取的国防政策是：在陆上分封诸王守卫边境，而在海上除了设置了卫所以外，更严格禁止人民与外人接触，以保障安全。这就是"明祖定训，片板不许下海"的禁海政策。

明太祖去世后，他的第四个儿子燕王朱棣发动了靖难之役，赶走了太祖的孙子建文帝，并夺取了皇位，史称明成祖或永乐帝。相比他的父亲，成祖的战略思想更为勇敢进取，他将皇帝的职责由"靖王守边"变为"天子守边"，并且亲自率领重兵五次进入漠北，以攻为守。在永乐元年（1403年），他首先恢复了浙江、福建、广东三省的市舶司，放宽海禁，然后在永乐三年（1405年）六月，他命令宦官郑和、王景弘作为正、副使带领船队出使西洋。当时所谓的"西洋"大致指的是印度洋沿岸地区，因为船队向西航行，所以被称为西洋。在"下西洋"的旅途中，郑和和王景弘两人是完美的搭档，相互协作得十分默契。郑和负责所有公务，而王景弘则是一位干练的福建人，精通船工和水手的语言沟通。在航行前，王景弘负责征集和修建船只、选拔航海技术人员、确认航线、绘制航海地图、督导水兵队伍的训练等一系列准备工作。他管理着一个庞大的水手队伍，包括船长、舵手和水手等专业人才。作为航海技术方面的领导者，王景弘与郑和一起统领船队进行了数次艰难的远航任务,成为郑和最为信赖的得力助手。在充满风雨的航行中,每当遇到困难,王景弘总能凭借自己丰富的航海知识,帮助船队安全渡过难关。郑和和王景弘不仅承担外交和经济任务,还领导着一支庞大的远洋船队,执行了中国历史上最大规模的海权投射活动。

■ 二、下西洋和对外关系的构建

郑和和王景弘所率领的船队在当时被认为是全球最大的远洋船队。根据《明史》的记载,他们的第一次出使任务中有"士卒二万七千八百余人""修四十四丈,广十八丈者六十二"的"大舶"。根据近期的研究,除了这 62 艘大船外,整个船队还有约 200 艘小型船只。船队通常会从江苏太仓刘家港出发,先到达福建,并等待冬季的信风,然后再沿着福建沿海岸线向南航行。他们的巡航范围遍及南海和印度洋周边国家,分遣队曾经最远达到非洲东岸的木骨都束(现在的摩加迪沙,位于索马里)。每次往返大约需要两年的时间,每次行动的规模和人船数量大致相同。郑和、王景弘的船队以其庞大的规模、众多的人数和严密的组织而闻名,被视为 15 世纪全球规模最大的船队。尽管舰队实力雄厚,曾主宰海上,但实施军事行动的次数较少。通常的目标是消灭海盗和对抗敌对势力,控制海洋权益,保持海上交通畅通和自由,维护航道安全,协助友好国家平定内乱或抵抗侵略。总共进行了三次大规模军事行动:

(1)扫平盘踞旧港的陈祖义,肃清了太平洋、印度洋之间的航道的海盗势力。在那个时候,东南亚最庞大的海盗组织是陈祖义集团。陈祖义在马六甲长达十几年,以苏门答腊的重要港口城市旧港为基地。通过长期经营,该集团成为南洋地区不可忽视的海上力量。陈祖义依靠自己的庞大组织,劫掠来往的商船,甚至连当时的明朝商船也不能幸免。

永乐五年(1407 年),郑和、王景弘的船队在第一次远航返航途中停靠旧港进行休整。当陈祖义得知船队上有大量财宝时,便产生了贪念,打算诈降郑和的船队,然后再进行抢劫。船队早就听闻陈祖义的名字,对他的诈降手段了如指掌。在陈祖义发动偷袭时,郑和与将领商量后决定采取反制措施,让陈祖义陷入包围圈中。战船突然从四面八方出现,成功合围了陈祖义的船队。他们击败了陈祖义所率领的海盗,歼敌数量超过 5000 人,并将陈祖义活捉,押解回京城斩首示众。陈祖义势力被彻底消灭后,中国通往太平洋和印度洋的海上商路得到了有效保护,贸易蓬勃发展,南洋地区的移民潮也因此兴盛起来。

(2)打垮贪婪的锡兰山国,奇兵破敌后全身而退。在永乐七年(1409 年),

郑和船队进行了第三次下西洋的航行，其间爆发了锡兰山之战。实际上，此前，郑和船队曾与锡兰山国进行过接触：第一次时，锡兰山国王要求郑和船队像其他国家的使臣一样缴纳财物，但当时船队并没有准备好，只能避免与其发生冲突。第二次，船队有了经验，带上了一些金银珠宝、佛烛香油和丝绸等财物，可以说是付了一笔保护费。

郑和船队第三次航行回程时，又一次到达锡兰山国。考虑到锡兰山国是印度洋上一个重要的转运站，郑和船队希望能够与锡兰山国建立和平的外交关系。然而，锡兰山国王亚烈苦奈儿却贪图船队的财物，引诱船队人员到国内。郑和率领两千多名明军上岸后，亚烈苦奈儿集结了兵力，倾巢而出，以5万人围攻这2000多名明军，试图来个擒贼先擒王。双方军力对比相差悬殊，再加上作战地点是在对方的主场，地形陌生，主要船队又离岸遥远。然而，郑和及其队伍却保持镇定，带领士兵成功突破包围。他们利用锡兰山国内薄弱之际，选择了夜间袭击王城，成功攻入王宫，并俘虏了亚烈苦奈儿和他的家属。郑和船队将亚烈苦奈儿一行押送回大明，后将其遣返但在锡兰山认可了一位贤能的人担任国王。由此锡兰山成为大明在印度洋上重要的合作伙伴。

（3）打败叛乱苏干剌，带回京师明正典刑。永乐十一年（1413年），郑和、王景弘受命率领使团第四次前往西洋。当船队抵达苏门答腊时，伪王子苏干剌正密谋杀害国王并自立为王。苏干剌是原苏门答腊国王的儿子，后来苏门答腊国遭到那孤儿国的入侵，国王中毒身亡。由于儿子苏干剌还很年幼，王妃下令，只要有勇士能为国王报仇，就可以娶她为妻。一位年迈渔翁挺身而出，率军打败了那孤儿国，结果王妃真的嫁给了这位老渔翁，并推举他为国王。

成年以后，苏干剌另立山头，聚集自己的队伍，杀掉了老国王，然后逃往山中。苏干剌对郑和船队未承认其合法性且上次来苏门答腊未赏赐给他任何财物，怀有愤恨之情，于是率领水军拦截船队。然而，苏干剌的战斗能力与郑和和王景弘率领的船队相差甚远。虽然水军人数众多，但最终还是被击败。郑和随即率领船队进行了追击和有力的打击，将苏干剌的水军打得溃不成军，最终成功捕获了苏干剌及其妻儿。随后，郑和将他们押送回京城，明政府以大逆不道之罪将苏干剌处以死刑。通过剿灭苏干剌，明政府在海外的声威得到了增强。

郑和船队的各项活动都传达出了强烈的和平意愿，显得尤为可贵。他们消除了当地统治者和人民的疑虑，赢得了他们对明王朝的向往和信任。这样做的结果是"海道由是而清宁，番人赖之以安业"。

除此之外,船队远航的大部分时间都用于执行和平任务,包括立碑、探索奇异事物、进行贸易等。根据记载,船队途经了 30 多个国家,但从来没有以武力压迫强取豪夺,而是寻求发展友好的贸易和文化交流关系。他们推动贸易时也完全遵守各国的习俗,以和平的方式执行国家政策,始终体现着和谐、和平的思想和智慧。除非无法避免,他们决不使用武力,建立了一个"四海一家"的和平世界秩序,传承着"四海之内皆兄弟"的海权意识。

郑和和王景弘下西洋的意义最明显表现在以下几个方面。首先,他们维护了东南亚、南亚等地区的稳定,确保了海上交通线的安全。他们成功肃清了横行东南亚、南亚海上的海盗,为海上贸易创造了安全的环境。其次,他们通过下西洋的行动提升了明朝在国际上的威望,使明朝在世界舞台上拥有更大的国际话语权。史书记载,在洪武至正统这近百年间,亚非各国的使节来华多达 700 次,其中永乐朝最为频繁,仅 20 年间就超过 300 次。特别是在永乐二十一年(1423 年),中国接待了 1200 位使臣,规模之大可见一斑。最后,郑和下西洋促进了中外的共荣。一些亚非国家通过与中国的经济文化交流获得了巨大的利益。在下西洋行动中,中国以自己的力量搭建起促进亚非海域共生共富的海上关系网,与西方血腥的殖民海权截然不同,是具有中华文化特征的"和平海权"。在这个过程中,中国与亚非国家之间建立了和谐、平等的合作关系,共同发展繁荣。

郑和船队的贸易活动主要通过官方贸易来建立联系,以扩大贸易范围并与更远地区进行交流。这些船队航行至印度洋等遥远地区,推动了朝贡贸易的进行,并构建了亚非海域的贸易航线。许多人认为郑和的贸易活动是朝贡贸易,对本国的经济发展没有好处。然而,他们忽略了朝贡的本质特征,即朝贡也是一种商业贸易行为,也就是说,这是一种官方贸易形式。正是由于朝贡关系,以朝贡贸易为基础的官方贸易网络得以形成。特别是后来几次下西洋的贸易,规模不断扩大,遵循着平等自愿和等价交换的原则,可以看作是现代国际贸易的雏形。官方贸易也在一定程度上反映了民众对商品的需求。通过航行到西洋,中国与亚非各国在经济方面的交流与合作得以扩大。在这个过程中,成功消灭了海盗,维护了海上的安全,并开辟了新的航线。这些都极大地促进了明朝后期私人海外贸易的繁荣,为国内商品的经济繁荣与商业资本的活跃提供了强大的推动力。同时,这种海外贸易使得大量的白银流入国内,为明朝出现资本主义的萌芽起到了重要的作用,同时也导致了欧洲市场上"价格革命"的发生。

■ 三、下西洋的落幕和闭关锁国

郑和、王景弘带领的下西洋行动,时间跨度为 28 年,从永乐三年(1405年)到宣德九年(1434 年),对于中国海洋思想的发扬和"海权"思想的积极建树有着重要贡献。然而遗憾的是,这一行动在最后一次远征之后突然停止。政府再次强调海禁政策,随之而来的是船队的消失。尽管如此,下西洋活动依旧为中华民族带来了一些长远利益。尽管政府从未鼓励海外移民,但是由于下西洋的影响,国人的活动空间自动扩大,越来越多的中国人移民到海外,形成了许多华人村落或城镇。从此以后,海外华人在各地扩展着自己的生存领域,乃至连后来的西方殖民者也无法驱逐他们。追根溯源,这应当归功于郑和、王景弘的下西洋行动。

然而,中国由于历史上长期受到封建社会自给自足的农业经济的限制,形成了与世隔绝的大陆意识。尽管有前往西方的壮举,取得了中国航海史甚至世界航海史上的辉煌成就,但是历史上并没有形成系统的"海权"意识。特别是自明朝以后长期实行禁海和闭关政策,不仅使中国一次又一次地错失历史发展的机遇,落后于世界历史潮流,同时也使明朝之后曾经出现的"海权"萌芽意识被历史的长河所遗忘。正如黑格尔所指出的那样,中国没有充分利用海洋所赋予的文明。中国在海洋文化意识方面存在缺失,也缺乏全面规划、经营和管理海洋的思想和措施。

明末清初时期,最高决策者拒绝采纳"经略海洋"的战略,他们或采取海上消极防御政策,或实施禁海封闭政策。正如马克思在《中国和欧洲革命》一文中所指出的,"与外界完成隔绝,曾是保存旧中国的首要条件,而当这种隔绝状况在英国的努力之下被暴力所打破的时候,接踵而来的必然是解体的过程,正如小心保存在密闭棺木里的木乃伊一接触新鲜空气必然就要解体一样"。中国在近代 100 多年(1840—1949)的历史中,失去了大片海域和领土,国家遭受屈辱和侵略。这正是消极防御和禁海封闭政策的必然结果。这恰似军事科学研究员张世平所言:"郑和'七下西洋'标志着明朝初期中国航海事业进入顶峰,明中叶至清末鸦片战争时期中国的海洋事业衰败至极,海上外侮接踵而来。"

第三节　郑成功:维护东亚海权的践行者

航船合攻,通洋裕国。

——郑成功

郑和、王景弘率领船队下西洋,展示了中国古代海军发展的巅峰。然而,船队并非用于军事目的,而是远航到异域宣扬国威。它在所途经的地区产生的政治、经济和文化影响是无法估量的。它为亚洲国家之间建立了和平相处的基础,同时也宣扬了中国国力强盛、皇权统一的理念以及有助于中国的文化传播。同时,它也促进了亚非各国的国际贸易,推动了海上丝绸之路的繁荣和发展。令人深思的是,在郑和去世后不久,由于远航费用的巨大开支,宫廷内部产生了分歧,最终下西洋被掌权者视为"弊政",戛然而止。

公元 1644 年,李自成领导的起义军攻克了北京,明朝皇帝朱由检在煤山自缢身亡。随后,清军进入中原。大多数明朝的皇室成员和文武大臣逃往南方,建立起多个小政权,史称南明。直到 1683 年,清军攻占台湾,明朝法统正式终结。在这段时期,郑成功成为继郑和、王景弘之后再次崛起的海权的代表。尤其值得称赞的是,郑成功为未来海洋中国提供了宝贵的经验。

■ 一、西方势力东来和明清交替

郑和时代的中国繁荣昌盛,与世界各国保持着友好往来,四方的使节都来朝贺。而郑成功时代的中国,则面临明清交替和西方势力的侵略,他们虎视眈眈地觊觎中国的领土。

明朝统治者颓废堕落,无法意识到巩固海防的重要性,因而颁布了海禁法令,禁止民间进行海上贸易活动。从 16 世纪开始,葡萄牙、西班牙、荷兰的殖民主义者驾驶船只,手持火器,纷纷抵达东方,从事残忍野蛮的殖民掠夺活动。

1624 年,荷兰殖民者侵占台湾南部。1626 年,西班牙殖民者侵入台湾北部。16 世纪末,荷兰崛起,与葡萄牙、西班牙争夺东方殖民地并成立了东印度联合贸易公司。1642 年,为了独占台湾,荷兰殖民者以武力驱逐了西班牙殖民者。荷兰殖民者占据了台湾长达 38 年之久,直到 1662 年,民族英雄郑成功将荷兰殖民者赶出台湾,台湾才重新回到祖国的怀抱。

明朝末年至清朝初年,东南沿海地区局势错综复杂,存在大量的走私贸易活动,其中以郑氏海商集团的武装海上贸易最为活跃。郑芝龙和郑成功领导郑氏海商集团在东海和南海建立了庞大的海上王国,并完全控制了东南沿海的制海权。崇祯元年(1628年),他们接受了明朝的招抚。然而,在明朝崇祯十七年(1644年),李自成攻破北京后不久,清兵入关,南明的弘光政权建立。但是,弘光政权只存在了一年。随着郑芝龙降清,继弘光政权后在福州建立的隆武政权也灭亡了。郑成功立志不与清朝妥协,没有随父亲降清,而是组建了自己的武装力量,从粤东回到闽南,夺取厦门和金门,并在小金门、大金门和厦门等地设立了军队。金、厦由此成为郑成功抗清的根据地。凭借强大的海上实力,他与清朝的军队在东南沿海地区周旋了三四十年之久。

二、郑成功的海权思想和海洋经略

为了保持优势,郑成功积极推进水师的发展,力求壮大实力。他准确而犀利地分析了抗清斗争的环境,提出了"据险控扼,拣将进取,航船合攻,通洋裕国"的思想。作为一个主导远东海上贸易的海商集团,郑氏家族深知海洋对于立身的重要性。他们不仅学习了世界上最先进的航海和贸易技术,还通过与西方殖民者的接触获得了欧洲最先进的船只和火炮装备。只有建立强大的水师力量,控制海权,才能维护他们的海洋权益,并为自由贸易提供保护。许多船主都希望与郑成功合作,在经商获利之外,他们更看重的是郑成功能为海上贸易提供的安全保障。在明清政权更迭的大背景下,郑成功的实力无法与清军正面对抗。因此,为了与清军长期周旋,郑成功在起兵后希望能够发挥自己在东南沿海的海上优势,强大的水师力量是必不可少的。郑成功严格筛选人才,使陆路作战和水师配合更加有效。在郑成功的不懈努力下,一支极具战斗力的强大水师成型,其中包括指挥船、战船、侦察船和运输船等多种类型的船只,船上还配备了数量可观的火炮、火铳等先进武器。

海洋无边无际,毫无踪迹可循。郑成功深知舟船之利,他集结了士兵和装备,以掌握对清兵作战的主动权。正是因为如此,他仅凭一隅之力就能坚持多年。到了1655年,郑成功已经拥有超过5000艘大小战船和20镇水师,水师兵力达到3万多人,成为东南沿海抗清势力中战斗力最强盛、政治影响较大的力量。郑氏水师的力量强大,郑成功曾亲自率领水师击败了进攻厦门的清军水师。郑成功自夸道:"水师用兵,必论其事势。此番虏船过海,由水登岸,我师所致力者,全赖水师。"

在与清廷和谈期间,郑成功也毫不客气地表达了其水师的强大无敌,水陆并进,军势势不可挡:"抵吴而吴靡,入浙而浙摧,至粤而粤破,动闽而闽瓦解。"郑成功的水师掌握着江淮地区的控制权,能够切断粮食运输线威胁到京师和北方军民的粮食安全,同时也能够保护船队顺利运输和方便民众流动,促进南北经济和商品的流通。不仅具备了与清廷争夺制海权、进行攻防作战的能力,而且还能够开展海上护航并威慑那些不法之徒,构筑海上安全稳定的屏障。

郑成功领导部队进军海上后,认识到争夺海上的战略据点、获得稳固的后方是斗争的必要条件。为了实现"航船合围"的战略构想,必须首先占领重要的海上据点,建立堡垒,以期长远发展。郑成功率先攻下金门、厦门这两个环境适宜的岛屿。这两个地方进可攻,退可守。以这两个地方为基地,郑成功展开海外贸易和抗清斗争。在军事、政治、经济等方面实施了许多改革措施后,金门、厦门成为坚固的根据地。郑成功以金门和厦门为跳板,辐射漳州和泉州,进而控制福建地区,可见他是通过控制南部海域和岛屿来控制福建的。从厦门和金门两个岛屿出发,向南经过广州、澳门可抵达交趾、占城等地,向北可以进入长江后前往武汉、成都等内陆核心城市。以此为中心,郑成功可以建立东到日本、西到交趾和占城、南到吕宋等地的巨大商业贸易网络,开辟以商养战的道路。

在北伐南京彻底失败之后,郑成功成功收复了台湾,并将荷兰殖民者驱逐出去。这也是开拓海洋力量的重要战略之举。郑成功明白,台湾可以成为郑氏势力的根据地。一方面,台湾可以用来安置士兵的家属;另一方面,这个稳定的后方可以确保在东征西讨的过程中没有后顾之忧,他认为"台湾若得,则此为门户保障"。从这一点可以看出,郑成功深刻地认识到台湾的战略价值。顺治十八年(1661年)二月,郑成功亲自率领2.5万名士兵和100艘战船从金门出发。他们跨越台湾海峡,直奔台湾岛,在海战和陆战中连续打败了荷兰军队。最终,被围困了八个月的荷兰人向郑成功投降。在这之后,郑成功成功地夺回了被荷兰殖民者占领了38年的台湾。郑成功建立了一个新的根据地,利用海峡天险和海上优势,建立了抗清的新基地,并重建了被清廷摧毁的贸易网络。而郑成功计划对吕宋展开远征,实际上与他争夺金厦和台湾的战略目标是相似的。吕宋地处重要交通要地,同时也是西班牙在亚洲的殖民中心,他们在马尼拉经营并统治吕宋岛已有一个世纪之久。这个地区物资供应和基础建设比较完善,对郑成功来说,这里是另一个理想的后方。正如同张培忠所写的《海权1662:郑成功收复台湾》所说,郑成功的战略构想非常有可行性,以台湾为基地、远征西班牙人控制的菲律宾吕宋岛,与当地华人结合形成战略后方基地,以此控制马六甲到中国、日本的航路,届时将有改写东亚海洋版图和走向海洋的可能。

郑成功重视海外贸易,积极拓展海上通商。作为一位从事海商业务起家的人,他深刻认识到海上贸易带来的巨大利益。特别是面对强大的清廷,为了支撑 20 万郑军及其家属的开支,每天还必须应对清军的围追堵截,所需的财力是巨大的。只有依靠海上贸易作为经济支柱,与日本、暹罗、安南、吕宋、柬埔寨等国家进行贸易往来,才能换取所需的刀剑、盔甲和日常生活用品。郑成功长期坚持利用金、厦和台湾来进行海上贸易,贸易范围广阔,商业活动频繁,从贸易中积累了大量财富。据学者研究估计,郑成功鼎盛时期,仅靠与日本和东南亚的贸易,每年的利润就超过 250 万两白银。

海上贸易需要强大的水师力量进行全面保护。郑成功的水师力量在巅峰时期拥有一千艘船只。可以说,郑成功之所以能够在中国东南及东南亚水域自由行动,就是因为拥有一支强大的舰队。郑成功大力发展造船业,制造的海船不仅巨大,而且性能优越。史料记载,他建造了两层楼高的"大帅船"和"先锋船",一次可载三四百人。同时,海上贸易带来丰厚的利润,不断向水师输血,为郑成功抗清事业提供了坚实的经济基础。清政府曾试图通过残酷的"海禁"政策遏制郑成功的海上贸易,但未能起到实质性的作用。郑成功将军事和商业相结合,相互促进,从而建立了海上霸权。

郑成功坚决反清复明,无论成功与否,他都毅然决然地与众多清军对抗,他的忠诚和勇气是令后世景仰的。他的儿子郑经袭位后,进一步开发台湾并拓展海上贸易,继续与清军交战。然而,郑氏集团的内讧以及在福建的作战失利影响了海权的发展。海上优势逐渐丧失,注定了失败的命运。

三、清朝"海禁"和与世界的脱节

为了遏制郑氏家族的势力,清廷实施了一系列严格的海禁政策。通过利用大海作为天然屏障,隔绝了对岸势力的威胁。为了解决接近明郑"贼巢"的江南、浙江、福建、广东四省经常受到侵扰、百姓无法安居的问题,清廷将山东至广东沿海居民迁往内陆三十里的地方。为了断绝迁民的退路,界外的房屋全部烧毁。同时,清廷再次声明"禁止下海"。海禁和迁界政策不仅没有削弱郑氏家族的势力,反而有助于他们垄断海外贸易,并促进了他们的发展。相关政策起到反作用,导致沿海地区长期陷入混乱,土地荒芜,百姓流离失所。严重的情况下,一些贫穷的渔民选择入海为盗,形成团伙,加剧了沿海地区的不稳定因素。这严重阻碍了经济发展,让沿海居民长期处于贫困状态。

在清朝严厉的"海禁"政策下,中国海外贸易的发展受到严重限制,同时也给其他国家蚕食中国海洋利益的机会。中华民族的海洋事业和海洋文化变得越来越脆弱,国家的海权意识也相应减弱。传统航海技术和航海知识等宝贵资源未能得到有效利用和传承,逐渐消失。特别是东南沿海地区,原有的一些海洋文化,如渔民的民俗风情、船夫的传统技艺等都归于沉寂,这导致中华民族的海洋文化出现了断层。中国海洋事业逐渐失去了优势,将海洋经营权让予了西方列强,一些西方国家大举进军海洋。自此以后,中国逐渐被西方国家抛在后头,越来越陷入落后挨打的境地。西方列强不仅取得了海洋带来的大量财富,还迅速发展了商品经济,开启了资本主义阶段的崭新历史。在清朝乾隆皇帝统治后期,西方国家因在中国实行自由贸易和享有更多优惠的要求,而与清政府的冲突逐渐加剧。

清朝继乾隆朝之后,接连上位的君主们无法有效控制西方对华贸易,这导致了西方列强,尤其是英国在对华贸易方面采取了越来越多的手段。最终,鸦片战争爆发,迫使清朝不得不放弃海禁政策并走向开放。海禁政策的影响不言而喻,它的弊端远大于收益。清朝以有限而短暂的自我保护换来了对中国社会的更大范围的破坏,随之将中国推入了长达百余年的屈辱史。

思考题

1.唐宋两朝海洋事业发达,仅仅是因为当时的造船技术领先各国吗?

2.郑和多次下西洋,之后的明清两朝统治者为什么没有向海洋发展?

3.击败荷兰,称霸南洋,为什么郑成功没能开启中国版"大航海时代"?

第五章

晚清中国海权沦丧与海权思想的萌芽

清朝在文治和武功方面取得了不少成就。然而，从战略思想的角度来看，清朝的成就似乎很普通，尤其是在太平天国和鸦片战争之前，更是没有特别亮眼的表现。太平天国引起的长期内乱以及日益严峻的西方列强东渐态势，对中国知识分子的思想构成了强烈的冲击。太平盛世的美梦开始破灭，同时也产生了忧患意识。

西方文明与海洋有着紧密的联系，二者密不可分。在西方的战争史中，海权扮演着重要而经常存在的角色。西欧国家的海权和俄罗斯的陆权同时向东亚扩张，这形成了李鸿章所说的"数千年未有之变局"。揭开变革序幕的是鸦片战争。鸦片战争是中国历史上首次遭受的大规模海上进攻，西方国家凭借强大的舰队和先进的火炮技术，对一直以来持有"天朝"思想的中国士大夫产生了强烈的冲击。

第一节　有海无防，列强轰开中国的大门

夷性无厌，得一步又进一步，若使威不能克，即恐患无已时，势必他国纷纷效尤，不可不虑。

——林则徐

1840 年 6 月 21 日，48 艘英国舰船和 4000 多名官兵集结在广东海域。28日，英军封锁了广州的所有河道和港口，第一次鸦片战争正式爆发。

鸦片战争是中国近代史上凄惨、黑暗的一页，它标志着外国侵略者大规模武装侵略中国的开始。在鸦片战争中，尽管爱国的军民对侵略者进行了英勇

而顽强的抵抗,但由于经济和科技的落后、社会制度的腐朽以及海军和海防力量的虚弱,最终失败了。中国面临着前所未有的海防危机。

■ 一、控制海洋的英国和沉睡的中国

鸦片战争即将爆发之际,世界海洋战略形势呈现出一种新的特征:各个国家都在力争成为海洋的霸主,现代海军力量逐渐崛起。当时,英国和法国的海军实力最为强大,其中英国位居世界海军强国的顶端,掌握着全球海洋的控制权。英国成为世界上第一个实现工业化的国家,也是第一个成功进行资产阶级革命的国家。在先进的资本主义制度和工业技术的推动下,19 世纪的英国迅速崛起成为全球最大的经济强国。凭借在工业领域的主导地位,借助强大的国家实力和领先的技术,英国海军成为世界上最为强大的海军力量。

在数量和性能上,没有其他国家的舰队能与英国相媲美。英国不仅拥有世界最强大的海军,还控制着世界上主要的海域,并在其本土向东的航线上建立了多个海军基地,驻扎了舰队。就像恩格斯所说的那样,海军成为他们扩张影响力的工具,舰队成为他们的"移动边境",在海上遏制敌人,从而从中获利。英国已经处于对中国实施海上入侵的最有利的形势中。

早在 1832 年,英国东印度公司就派遣商人胡夏米搭乘"阿美士德"号秘密对中国沿海防务进行全面军事侦察。这种行为被视为间谍活动,其初衷无疑是为了了解大清国的实力,而这次侦察行动的结果也间接促成了鸦片战争的爆发。在长达 6 个多月的航行中,他们详细测量了南澳、厦门、上海、威海卫、闽江口和甬江口等地的港湾和水道,并研究了季风的规律。他们实地侦察了各地驻军和炮台的数量和质量情况,并据此向英国政府提出了对中国发动战争的建议。胡夏米在信件中还提到,当时清朝政府只是表面上看起来很强大,但实际上国力虚弱,而统治者也非常愚蠢,地方官员对对外通商抱有排斥态度。他非常确信,以清政府当时的军事力量而言,英国只需要采取恰当的策略,并配合有力的行动,派出一支规模较小的海军舰队就可以成功地达到目标。

道光帝继位时,中国仍然是世界上经济总量最大、人口最多的国家。然而,清朝以其庞大的人口、广阔的国土和巨大的经济规模,看似四海承平,军备无用,但实际上危机四伏。在清朝的君主专制统治下,政治腐败严重,官僚机构庞大且官员结党营私、腐败盛行。各级官吏和地主大肆兼并土地,导致"死人有田,活人无地",无地农民不断增加,生活水平和物质条件日益恶化,经济

持续衰退,财政状况不佳。手工业者深受税赋、高利贷等剥削之苦,无法维持基本生计,无力扩大生产规模。贫富差距极大,社会阶层分化严重,民间矛盾日益激化。军队实力衰退,八旗和绿营士兵境况堪忧,丧失了战斗力。此时的清政府与外界隔绝,对国际形势缺乏了解,对西方的先进科技成果持排斥态度,将其视为"奇技淫巧"。更为严重的是,清朝统治者抱持着守旧的思维,拒绝外来的改革和冲击,固守着闭关锁国的态度,使国家在自我封闭中走向衰落。

二、鸦片输入与天朝上国的崩塌

鸦片战争的起因是英国通过走私将鸦片输入中国。唐代,鸦片的原料——罂粟随海外贸易传入中国,最初只是用作药物。到了明清时期,葡萄牙人和荷兰人将鸦片吸食方法传入中国。

从 18 世纪 20 年代开始,英国开始将鸦片销往中国,初始每年约为 200 箱(每箱重约 50 至 60 千克)。当时,清朝政府允许进口鸦片以供医疗使用。到了 18 世纪中期,英国占领了印度的鸦片产地孟加拉,到 1767 年,英国销往中国的鸦片增至 1000 箱。6 年后,英属的印度政府制定了向中国大规模输出鸦片的侵略政策,并将鸦片专卖权授予了英国东印度公司,随后又给予该公司制造鸦片的特权。这种罪恶的鸦片贸易不仅使得英国东印度公司和鸦片贩子获得了巨额利润,而且与英国政府和整个英国的资产阶级间有着密切的利益关系。由于英国利用强迫印度生产鸦片的手段换取大量中国白银,导致英国工业产品在印度市场上有了更广阔的销售渠道。印度利用种植鸦片所得的收入购买了英国的纺织品,而英国则通过印度生产的鸦片交换中国的丝绸和茶叶,然后销往英国和其他国家。

英国政府和整个资产阶级紧紧抓住走私鸦片这个环节,推动了英国—印度—中国的"三角贸易",从中获取了巨额利润。因此,可以说英国政府就是鸦片贩子的幕后指使者。鸦片贩运给中国带来了极其严重的危害。鸦片被偷运到中国后,最初尝试吸食的只是少数的富家子弟。随后,许多贵族、官僚、大地主、大商人以及与封建统治阶级有关系的人,例如宫廷里的太监、各级政府中的差役、军队中的官兵、寺观中的僧尼与道士,也纷纷沾染上了鸦片。据估计,1835 年全国吸食鸦片的人数超过了 200 万人。随着毒品的泛滥,中国社会的危机不断加剧。

首先,鸦片的吸食导致了清朝统治阶级的腐败现象更加严重,官员们的贪婪程度加剧,治理能力也越发恶化。不仅如此,各级官吏还以残酷的手段对人民进行剥削和压榨。在广东水师中,为了能吸食鸦片,官兵们纷纷受贿。甚至有水师巡船与英国的鸦片船达成协议,每个月派人到鸦片船上索取贿赂,每箱需付 5～10 银元,大量所谓的"缉私船"实际上成了贩卖鸦片的走私船。许多水师军官每年从这种走私活动中获得的贿赂,竟然占到了他们全部收入的99%。由于腐败现象的日益加剧及治理能力的败坏,统治阶级必然将鸦片带来的沉重负担转嫁到劳动人民身上,采用更加残酷的手段进行剥削和压榨。鸦片走私的结果是中国对外贸易出现了大量逆差,给清朝政府的财政带来了危机。在 18 世纪的中英贸易中,中国一直享有顺差的地位。从 1781 年到 1793 年,英国出口到中国的工业品总值为 1687 万银元,仅相当于中国出口到英国茶叶所得的六分之一。那个时候,来到广州进行贸易的英国船只运载着的货物并不多,船上主要装载的是银元。然而从 1821 年开始,鸦片走私问题越来越严重。在 1821 年到 1840 年期间,至少有 1 亿银元流出中国,平均每年500 万银元,相当于清朝政府年收入的十分之一。大量白银流出导致银价上涨,30 年间涨了一倍。农民和手工业者使用白银交税,而银价上涨使得劳动人民难以承担重负,清政府的白银储备不断减少。

此外,鸦片对中国人民的身心健康造成了严重的破坏,严重削弱了中国社会的生产力。由于鸦片泛滥,中国社会的购买力大量流入鸦片的消费中,导致工商业的萧条。此时,鸦片在中国境内广泛销售,而且云南、四川、福建、浙江、甘肃等数十个省份也大规模种植罂粟。这不仅对农业生产造成了影响,更使得吸食鸦片的人越来越多。考虑到鸦片所带来的危害,清政府在雍正、乾隆和嘉庆时期曾多次发布禁鸦片的命令,但这些措施一直未能见效。道光帝登基后,再次下令严厉取缔吸食鸦片的行为。在 1838 年至 1839 年的两年间,英国竟然走私了高达 40200 箱的鸦片进入中国。据不完全统计,19 世纪的前 40 年里,英国总共向中国非法走私了 427000 箱的鸦片,这导致中国三四亿银元被掠夺。中国人对英国明火执仗的掠夺表达了极大的愤怒。

为了维护清王朝的统治,道光皇帝在1838 年 12 月 27 日至 1839 年 1 月 3日连续召见了林则徐八次,听取他对禁烟的意见,并任命他为钦差大臣,节制广东水师,前往广东执行查禁鸦片的任务。林则徐到达广东后与英军进行了几次规模不大的战斗,这是中英鸦片战争的前奏,也拉开了中国近代战争史的序幕。随后,酝酿了很久的鸦片战争爆发了。为了增强江南地区的防御力量,清政府派遣福建水师提督陈化成担任江南提督。当时的陈化成已经是年过六旬的老人,但他仍然毫不在乎个人生死,在危急时刻接受了命令,统领军队飞驰至上海吴淞口,筹划对抗英军的大计。中国受到以鸦片贸易为借口的中英战争的困扰,这场战争揭开了中国反抗资本主义列强侵略的序幕,然而中国却战败了。这个自视为天下第一的"天朝上国",竟然被一个遥远的小小的西方"蛮夷"入侵。作为一个拥有近4亿人口和1000万平方千米土地的文明古国,面对英国军队只有数十条军舰和不到1万士兵的进攻,中国毫无还手之力。英军占领了香港,攻击了广州,夺取了舟山,占领了镇江,抵达大沽口,直逼北京。1858年,英国和法国军队再次合作发动侵略,攻到了北京,并火烧圆明园。

中国渐渐变为半殖民地半封建社会,俄国、法国、美国等资本主义国家接连采取不同的方式侵略中国,从第一次鸦片战争到中日甲午战争前,大规模的侵略战争共发生了3次。不平等的条约一个接一个地签订,使得原本就不够完善的防御体系在西洋舰队的机动灵活面前暴露出众多漏洞。千年来维系的封建王朝统治和古老的东方文明,在西方列强强大的海军力量面前岌岌可危,逐渐丧失海上的主导地位,多次遭受列强的蹂躏。中国面积超过160万平方千米的领土被迫割让。作为赔偿,中国支付了超过3900万两白银。广州、厦门、福州、上海、宁波、镇江、南京、九江、汉口等沿海沿江口岸被迫向西方各国开放通商。外国人被允许在这些地方设立租界地、部署军队,并拥有治外法权,还干预中国海关和税务。列强肆意掠夺中国的资源和财富,为非作歹,压榨中国百姓。中国进入了充满民族灾难和黑暗历史的最为悲惨的时期。

三、开眼看世界和海权思想萌芽

伴随着帝国主义的侵略,西方的工业、商业、财政、技术、宗教、思想和文化开始涌入中国,对中国社会几千年来形成的政治制度、经济模式、传统文化甚至社会生活造成了全面冲击。这对中国来说是一个巨大的打击,因为中国一直自认为是唯一的"开化之国"。起初,没有人相信或承认,庞大的中国居然会被西方"蛮夷"所征服。然而,当中国人成为忍受种种屈辱的亡国奴时,他们逐渐开始觉醒。

在鸦片战争中,林则徐是中国方面的重要角色,他早早地对英国人的野心和世界形势有着相当深刻的了解。他还提出了一种海防战略构想,主张放弃大洋、坚守内河,并主张"能守而后能战,能战而后能和"的基本原则。最后,他还提出了"以夷制夷"的思想以及通过贸易来控制外国人的策略。他说:"驭夷不外操纵二端,而操纵便在贸易一事。"

然而,根据海权观点来看,林则徐只能被认为是先驱者,真正能够提出有系统理论的人是他的朋友魏源。虽然后者受到了林则徐的影响,但能够著书立说,形成独立的观点,实现超越了前人的成就。

魏源经常被后世的学者与马汉进行比较,但实际上他的时代比马汉更早了半个世纪。他传世的作品《海国图志》不仅是我国最早的世界政治地理著作,也代表了现代海洋战略思想在中国的萌芽。其中的《筹海篇》包含了许多创新的观念,与后来马汉在《海权对历史的影响》这本书中提出的基本观念有很多相似之处。这也是两位学者常常被相提并论的原因,甚至有人认为马汉可能受到了魏源的影响,但这尚无确凿证据。不过,有证据表明,《海国图志》曾被翻译成了日文。

以魏源为开端,许多清朝知识分子主张"师夷之长技",但他们似乎只关注于武器技术的重要性,并没有人尝试引入西方的战略思想。直到清朝设立陆军学堂,西方的军事思想才开始从日本这样的间接途径引入。尽管海军较早引进西方技术,但在引进思想方面却相对落后。最令人费解的是,尽管海军出身的严复因翻译西方名著而出名,但他从未介绍过西方的战略思想。他与马汉几乎同时,可能也阅读过马汉的著作,但颇具讽刺意味的是,马汉的《海权对历史的影响》直到 1990 年才有中译本问世。

第二节　甲午海战,海权丧失的反思

> 吾辈从军卫国,早置生死于度外,今日之事,有死而已。我立志杀敌报国,今死于海,义也,何求生为!
>
> ——邓世昌

中国人开始意识到海防的重要性,是在晚清时期的洋务运动中。在此过程中,中国建立了第一支海军,即北洋水师。然而,北洋水师在中日甲午战争中全军覆没,在一百多年后的今天,这一悲剧仍然让无数中国人对此感到痛心和叹息。

■ 一、日本明治维新和晚清筹建海军

经历了黑船事件后,日本人彻底认识到与先进国家之间的差距,因此开始

进行全面的改革。自从 1868 年明治维新开始,日本走上资本主义发展道路,国力得到增强。他们引进西方先进的工业技术,兴建铁路、公路,大力发展电力网络,推动轮船运输业的发展,陆军学习德国,海军学习英国。在甲午战争爆发之前,日本已经具备了初步的工业实力,每年开采的煤炭达到了 500 万吨,出口近 3000 吨生丝,拥有大约 200 艘蒸汽轮船,人均工业产能远远超过了世界平均水平。可以说,不到 30 年的时间里,日本从一个贫弱的小国崛起为亚洲第一强国。

鸦片战争后,清朝统治阶级开始反思。其中,海防和塞防之争成为光绪年间一场重要的战略大辩论,对我国后来的国家安全产生了深远影响。在这场辩论中,左宗棠和李鸿章是主要角色。参与辩论的人也很多,包括沈葆桢、郭嵩焘、张之洞等。他们提出的观点,从现在的角度来看可能不足为奇,但我们不应该用现代眼光苛责古人,因为每个人的思想都受到时代和环境的限制。因此,尽管有人认为左宗棠将"骑射时代"的思想误用于"炮舰时代",李鸿章"只知道有洋务,不知道有国务",但实际上这些都不是持平之论。事实上,当时的知识分子非常爱国,言论激昂,不仅切中时弊,而且也开创了一种风气,为后人树立了榜样。其意义非常深远,影响也相当长久。

1866 年,清政府接受了闽浙总督左宗棠的建议,在自力更生的原则下设立了机器制造局以制造轮船,推动水师的建设。这一时期,江南机器制造局和福州船政局相继成立,仿效西方国家,建造了不少小型军舰。1875 年,清政府批准每年从海关税中提取 400 万两白银作为经费,计划在 10 年内建成南洋、北洋、粤洋三支海军。随后,直隶总督李鸿章负责海军筹建工作,将这笔经费整合起来,用于建设北洋水师。他在天津设立了水师营务处,并派遣一批留学生到英国、法国等国家学习海军技术和军事理论,同时在国内成立了水师学堂。1885 年,他从德国购买了两艘排水量超 7300 吨的铁甲舰"定远"和"镇远",成为北洋水师的主力舰,任命陆军提督丁汝昌统领北洋水师。当年十月,清政府宣布成立了海军衙门,醇亲王被任命为总理海军大臣,而李鸿章则担任会办。到了 1888 年,北洋水师已拥有 25 艘军舰,总吨位达到了 8 万吨,其现代化程度和战斗力超过了当时的中国对手——日本海军,成为远东地区第一,是中国近代历史上规模最大、装备最先进的海军力量。这表明自从明清时期禁海以来,中国国家和民众对海洋观念和海洋文化的发展经历了一段中断期后,部分中国人对海防战略的认识开始转变。这是由于西方开放的海洋文化观念对中国传统封闭的土地观念产生了强烈的冲击所致。尽管如此,中国当时被誉为亚洲第一海军的实力,在甲午战争中却遭到了规模小于自身的日本舰队的痛击,导致了整支海军的覆灭。

二、甲午海战和晚清海权沦丧的反思

1894 年,属于甲午年。当年朝鲜发生了名为"东学党"的农民起义。朝鲜政府向清朝政府要求派遣军队来压制,于是清朝派遣了直隶总督叶志超,他率领 2000 多人,通过海路到达并驻扎朝鲜的牙山。此时,日本在进行明治维新后,国力日益增强,他们一直有意借朝鲜来侵略中国。朝鲜向中国请求派兵后,日本政府迅速也派兵到朝鲜,并占领了各个重要地区。那时,日本派来的士兵数量是中国派来的数倍,并且还有 8 艘军舰在海上巡逻。不久之后,朝鲜农民起义军与政府签署了和约,朝鲜不再需要中国和日本的援助,于是朝鲜政府向中国和日本双方政府发函撤军。然而,此时的日本政府却不愿撤军,他们不仅想占领朝鲜,还打算借机消灭中国派来的部队。

1894 年 7 月 25 日早晨,日本的舰队率先对中国的护航舰队"济远""广乙"等舰开火。在这次战斗中,"济远"舰被击伤,而"广乙"舰则在受伤后自沉。不久之后,清政府向日本政府宣战。接着在 9 月 17 日,中日双方在黄海展开了一场大规模海战,中国参战舰只有 10 艘,而日本则有 12 艘。这次海战中双方都遭受了损失。中国的"致远"舰管带邓世昌、"经远"舰管带林永升等人在战斗中英勇牺牲。接着到了 1895 年 2 月 3 日,日本进攻北洋水师的总部刘公岛。由于敌我力量悬殊,刘公岛于 2 月 17 日被攻占,北洋水师全军覆没。甲午战争的结局是中国被迫与日本签订了不平等的《马关条约》。根据这个条约的规定,中国割让辽东半岛(后因俄、法、德三国干涉,未实际割让)、澎湖列岛、台湾及其附属岛屿给了日本,同时还支付了两亿两白银作为赔款,并允许日本在各个通商口岸进行投资和设立工厂。

1864 年,英国法学家亨利·惠顿的著作《万国公法》开始在中国流传。这是近代中国接触到的第一部系统而完整阐述国际法的著作,使中国人了解到这一学科。书中详细讨论了公海与领海、海上贸易、海上战争以及战时中立物资禁运等国际交往的基本原则和规则。在此书的启发之下,近代中国的国际法观念不断得到完善,有识之士开始运用书中的法律案例处理涉外纠纷,这在很大程度上促进了晚清时期海权思想的形成和发展。

在清朝灭亡后的相当长时期内,中国的海洋意识才逐渐形成。回顾清末期间关于争夺和维护海洋权益的努力,虽然也存在一些成功的案例,但总体来看却是失败居多,最终导致海洋权益的不断丧失。这一深刻的历史教训应当引起我们的反思。

关于清朝失去海权的原因,许多学者有着相似的看法。柳宾先生是青岛社会科学院的一位学者,他强调了三点原因,这也是许多学者的共同观点。

近代中国海权沦丧的重要原因之一,是实力的薄弱。

晚清时期,以慈禧太后为首的清朝统治集团,与西方列强存在着无法调和的矛盾,他们从未放弃与帝国主义国家的斗争。然而,当他们的政治统治受到国内人民起义或内部权力争夺的威胁时,他们却渴望得到列强的援助。这种对外国侵略者既憎恨又害怕的心态,导致晚清外交的反复无常,外交政策朝秦暮楚。这种做法直接导致了中国在战场上的连续失败以及一系列不平等条约的签订。

在外交事务中,实力是至关重要的,因为"弱国无外交"。在近代中国政治、经济、军事等各方面落后于西方资本主义世界的背景下,清政府最重要的任务是尽力创造并利用现有条件,以在困境中寻求发展。1891年,薛福成在《出使英法义比四国日记》中写道:"夫地球各国,平时互相考校于其枪炮舰台之孰良孰枯,无不确有定评。一旦有事,则弱者让于强者,强者让于尤强者,殆必至之势,固然之理。强者于攻战守早有把握,则虽取千百里之地,索千百万之饷而不难。弱者于攻战守尚无把握,则亦割地输币而有所不靳。且弱国即幸而偶胜,而弱国不足以敌强,于是虑大国有再举之师,邻邦有勒和之议,终于弃地受盟。""是故与其争胜于境外,不如制胜于国中。"

这就是马建忠所说的"外交之际,内政为先"原则。然而,可悲的是,清政府明明知道"公法不足恃,条约不足据;惟势强者乃能伸理耳,有国者不可以不强"这个道理,却没有抓住任何一次能让中国海防强大的机会。每当遭到列强的海上侵略后,他们都会表达加强海防、维护海权的决心,然而每次都以失败告终。作为清朝最高统治者的慈禧太后更是傲慢奢侈,挥霍无度,为了满足个人私欲,甚至不惜以"调拨""划分""挪用"等名义占用海军费用,将其花费在建造供自己享乐的三海工程和颐和园工程上。这一系列的倒行逆施最终导致了国家海权的持续丧失。

近代中国失去海权的原因之二,是海防人才的不足以及思想观念的滞后。

清朝建立后承袭了明朝时期实施的海禁政策,长期以来实行的闭关锁国政策产生了持久的负面影响。上至上层统治者,下至普通民众,很少有人意识到海洋的巨大潜力和发展海洋事业的重要性。因此,他们往往更关注"塞防"

建设而非"海防"建设。晚清政治舞台上，并没有出现过一位负责海洋事务的实权人物，也没有真正精通国际法的海洋专家。以慈禧太后为首的最高执政集团只知追求安逸享乐和维护自身权力，根本没有关注海洋发展的眼光。正如军事理论家马汉所说："如果国民对海洋事务的思想意识不发生改变，他们不可能认识到决定国家繁荣和历史前进的最有力因素存在于海洋上。"因此，他们在这方面也根本没有采取任何有力的措施。

其他人包括奕䜣、李鸿章、左宗棠、曾纪泽、沈葆桢、丁日昌、张之洞等，虽然认识到海洋和海权的重要性，但由于他们的权力有限，再加上过于注重个人的荣辱得失，所以根本无法全身心地投入海洋事业。此外，晚清时期虽然有派遣海军留学生、设立海军学堂以及成立轮船招商局等措施，这些本应加强近代海防力量的举措，却因为各种原因而中途停止，或者只是做表面文章，最终未能起到决定性的作用。当然，近代中国的海权问题不能仅依靠一两位海防人才来挽回局势，但毫无疑问，思想观念落后和缺乏海防人才是导致近代中国海权丧失的一个重要原因。

近代中国海权沦丧的原因之三，是对国际法的了解十分有限且肤浅。

中国在近代海权沦丧的过程中，对国际法的理解十分狭隘和不够深入，这成为其中的一个重要因素。近代中国人所获得的国际法知识主要来自于《万国公法》这本著作。综合来看，尽管该书介绍的是一种进步学说，但其中另一个重要特点是宣扬殖民主义，极力推崇"干涉有理"和"侵略合法"，试图将弱小国家变成西方资本主义的保护对象。然而，在晚清时期，从一般知识分子到主持外交事务的官员，对此并没有清醒的认识，因此对这本书抱有不同程度的幻想，认为它是一部具有束缚力且能够实际约束西方各国的国际法和公理，似乎凭借此作武器，就能够遏制帝国主义的"鲸吞蚕食、虎踞狼贪"的野心。这种观念给他们的思维带来了巨大的危害，导致他们经常在不经意间失去了海防的主动权，进而丧失了很多在战场上没有失去的海权。

以中法战争中的马尾海战为例，据《清季外文史料》，1884 年 7 月，法国侵华指挥官孤拔率领法国舰队闯入福建马尾港，与福建水师并泊一处。在这种情况下，法国的行为不仅违反了《万国公法》，而且在各国中也被视为失信的行为。在这样的背景下，清政府完全有权根据国际公法，采取措施驱逐法国舰船离开马尾港口，或者阻断江口，采取先发制人的方式进行歼灭，并且当时的一些有见地的人就曾提出过这样的建议。然而，清政府和地方官员何璟、何如璋等人却因为盲目迷信国际法的作用，没有采取必要的反制措施，甚至没有做任何战备，最终错失了战机，导致了中国海军在马尾海战中的惨败。综上可见，近代中国的海洋史是海权不断丧失的历史，也是中国人民不断抗争和海权思想不断发展的历史。

除了上述三个因素之外，还存在一个非常重要的原因。甲午海战所给我们的教训是明清海权丧失的典型展示，这是最深刻的历史原因之四。

中国在甲午海战中失败的原因是多方面的，但最根本的原因是清朝统治集团腐朽没落，推行投降主义路线，消极避战，保存实力，北洋海军内部腐败丛生，封建官场的各种不良习气蔓延，并且装备性能滞后。因此，尽管许多官兵表现出了英勇奋战、忠贞不屈的精神，但却无法改变舰队覆灭的命运。日本军队将夺取黄海制海权视为战争全局的关键问题。这表明，确立海洋观念和海权思想，是保卫海防安全的首要战略目标。因此，保卫海防的战略必须依赖强大的海上实力作为支撑。同时，必须正确运用海军兵力。一个有效的最高作战指挥机构和一位具有高度权威的指挥官是绝对不可或缺的。然而，清政府从未建立过这样的机构。军机处和总理各国事务衙门是国家政府机构，没有指挥部的职能，无法发挥指挥作战的作用，但却参与指挥作战。在战争中设立的督办军务处性质不明、职责不清，从来就不是真正的最高指挥机构。

■ 三、海权崛起初步认识和海上力量

甲午战争的过程验证了陆海协同在保卫海防的战争中的必要性，因为保卫海防的战争与远海海战是不同的。通过对上述分析的细致研究，我们可以得出以下结论：要使一个国家的海权得到充分发展，必须同时满足三个重要条件：首先，必须拥有强大的海军力量；其次，必须拥有广阔的海洋资源利益；最后，必须有清晰明确的海洋意识和战略规划。这些条件已经在地中海时代的海洋文明崛起和发展中得到了充分验证。

在以上三个条件中，海上力量的影响是至关重要的，它直接或间接地改变了其他两个条件。这意味着海上力量可以导致经济重心的转移，也就是说，经济重心基本上是随着海上力量的移动而变化的。对此，美国军事理论家马汉曾有过详细的阐述。而英国战略思想家约翰·柯隆布兄弟则认为："一旦获得制海权，其他一切目标都可以轻松实现。"另一位英国的海洋战略思想家柯白认为："在世界政治体系中，海洋的价值在于它作为国家之间与其领土之间交通的媒介。因此，'制海'的意义即为控制交通。"同时，他提出："海洋战略只是大陆战略的延伸。"这就导致了海洋经济的变动性和流动性促使了产权制度的

产生。可以说,产权制度的诞生并非偶然发生在海洋经济活动中,是由于海洋经济的流动性促使人们开始研究如何保护流动财产的所有权问题,才最终形成了产权制度。海洋经济的特点向人们传达了这样一个理念:要在公共海域进行开发,必须建立一套合理的制度,这是产权制度的核心要求之一。最终,海洋的力量不断变化,重塑了世界经济的格局,将世界经济从平稳发展转变为加速发展。正如马克思所解释的那样:"历史正向着世界历史的转变迈进"!

思 考 题

1.鸦片战争后,清政府组建新式海军,但这是否意味着海洋权益意识的觉醒？为什么？

2.中日甲午海战,中国舰队失败的原因是什么？仅仅是国为装备的落后吗？

第六章

民国的海洋维权探索与海权复兴

自 18 世纪中叶那些挂着"米字旗"的三桅战舰用巨炮打开了中国的大门后,海洋就变成了帝国主义侵略者进入中国的主要途径。之后,侵略者几乎踏遍了中国沿海所有的港口、海湾,令人痛心不已。

19 世纪初以后,侵略者对中国的入侵变得更加猖獗,无所不用其极,给中华民族带来了无尽的苦难。

第一节　孙中山海权思想和海防实践

盖太平洋之重心,即中国也。争太平洋之海权,即争中国之门户耳。

——孙中山

1911 年 10 月 10 日,武昌起义爆发。随后的两个月内,湖南、广东、云南、广西等十多个省份纷纷宣布独立,并脱离了清王朝的统治。这无疑加速了清王朝的覆灭。

■ 一、辛亥革命和帝国主义反华

辛亥革命是中国近代史上一场伟大的反对帝国主义和废除封建制度的民主革命。它推翻了清王朝的统治,结束了长达两千多年的封建帝制。初次在中国上空升起了资产阶级共和国的旗帜,为资本主义的发展和社会的进步提供了有利条件。

这一消息传到北京后,中外反动势力感到震惊,即将灭亡的清政府一方面派遣陆军南下,一方面派遣海军统制萨镇冰率领舰队前往援助。他目睹了福建和北洋两支水师全军覆没的萨镇冰，意识到清政府的灭亡已是大势所趋，哪怕他合并南北洋水师，统一官制、旗式、军服、号令，建立统一的指挥系统，重建了一支颇为强大的新海军，也无法拯救清政府。在大势所趋下，不少海军将士也想要起义。于是，萨镇冰最终称病离开了舰队，并指令各舰听从起义将领黄钟瑛的指挥。

随后，在黄钟瑛的率领下，海军宣布起义，成为保护起义军的屏障，使湖北军政府转危为安。帝国主义国家对辛亥革命进行了破坏和干涉，调集军队和军舰，日本与清政府签署了武器出售合同，各国公使团截留了中国海关的全部税款。他们表面上"严守中立"，但实际上在静观时变，积极寻找新的代理人，以阻止和破坏中国的革命。帝国主义军舰共 20 艘赶到汉口，对中国革命进行武装干涉。德国军舰公然开炮，向革命军发起攻击。

与西方列强的侵略活动相伴随，先进的海洋观念开始传入中国，中国陈腐和落后的海防意识开始发生改变，国民对海洋问题的认识逐渐觉醒并不断加深。中华民族的海权意识觉醒和反抗精神日益增强，使得西方列强在长时间侵略中国之后，他们的侵略势头逐渐减弱。相反，日本侵略者对中国的侵略野心却越来越大，他们实施了一系列扩张政策，尤其是在日俄战争之后，日本取得了俄罗斯在中国东北地区的包括铁路、矿产利权在内的权益。不仅如此，俄罗斯还永久转让了对辽东半岛及其附近岛屿的租借权给日本，使得日本的侵略势力进一步深入东北三省。

1914 年，日本以对德宣战的名义，占领了青岛和胶济铁路的全部线路，控制了山东省，剥夺了德国在山东的各种权益，迫使袁世凯屈服并承认日本继承德国在山东地区的所有侵略特权。同时，日本将旅顺、大连租界的租约以及连接东北港口与内地的铁路租借期延长至 99 年。此外，所有中国沿岸港湾和岛屿不得转让或租借给其他国家，还有中日合办军工厂等，这一系列条款被称为妄图灭亡中国的"二十一条"。从那时起，日本对中国实施了军事侵略、政治控制和经济掠夺，并对中国进行了文化渗透。

面对旧中国的形势，孙中山从民族存亡的角度关注海洋，提出了他自己的海权思想，他是近代中国兴海强国观念最早的倡导者。他的海权思想包括了发展海洋经济和构建保卫海洋的强大力量两个完整的部分。从孙中山发展海军和海洋经济等经历中我们可以得知，认识海权、追求海权、保护海权是国家独立和民族解放的必然需求和前提条件，而对海洋的认识、利用和开发则是国家繁荣强盛和民族伟大复兴的发展保障和基础来源。

二、孙中山的海权思想和实践

孙中山非常重视海军在推翻清王朝和取得革命胜利中的重要作用。他在1894年创立兴中会的时候,正值中国海军舰队在甲午战争中惨败。这让孙中山深刻地意识到,挽救中国的海权,重建中国海军,收复已丢失的海疆,应成为革命的重要目标。因此,从同盟会成立之后到辛亥革命之前,孙中山领导了多次武装起义,选择的地点多在边远地区和沿海地带,其目的是"取得海岸交通线,以便输入武器"。

1912年1月1日,孙中山在担任临时大总统后,深刻认识到晚清时期中国海军实力薄弱,屡次遭受海上强敌入侵。他认为:"海军实为富强之基,彼英美人常谓,制海者,可制世界贸易,可制世界富源;制世界富源者,可制世界,即此故也。"因此,他非常重视海军和海权建设,并提出了"海军建设应列为国防之首要"。

孙中山在经过大幅简化的临时政府机构中设立了海军部。就在南京临时政府成立的当天,孙中山指示黄兴制定了北伐作战方案,规定由"海容"等三艘舰船组成北伐舰队。在舰队开赴北伐之前,孙中山在《大总统告海陆军士文》中赞扬了海军起义和勇敢作战的精神,并要求广大海军将士"树立民国,立于泰山磐石之安"。

虽然北伐讨袁失败,但孙中山并没放弃对海军建设的努力,一直强调了建设海军和捍卫海权的重要性。他说道:"自世界大势变迁,国力盛衰强弱常在海而不在陆,其海上权力优胜者,其国力常占优势。"晚清中国在海洋竞争中屡次被西方海上强国击败。尽管中国拥有广阔而资源丰富的海域,却未能为国家和民族的发展做出贡献,反而屡次因为无法保卫海上的门户而经历痛苦和屈辱。孙中山认为:"中国自与外国通商以来,同外国订立了种种不平等条约,将中国主权、领土送与外国。所以,中国与外人订立通商条约之日,即中国亡国之日。"海洋主权的丧失致使中国不能成为主权独立的国家。孙中山叹息:"中国之海军,合全国之大小战舰,不过百只,设不幸有外侮,则中国危矣。"

孙中山提出了关于如何建设海军的具体计划,如《十年国防计划》中关于海军建设的规划:"各地军港、要塞、炮台、航空站之新建计划""我国之海军建舰计划,航空建机计划,陆军各种新式枪炮、战车及科学兵器、机械兵器建造计划""列强之远东远征空海陆军与我国国防""训练不败之海陆空军军队大计划""聘请列强军事专家人员来华,教练我国海陆空军事学生及教练国防物质技术工程之意见计划""向列强定制各项海陆空新式兵器如潜水舰、航空机、坦克炮车、军用飞艇及气球等,以为充实我国之精锐兵器和仿制兵器之需"等。

孙中山认为,海军先不能与列强争胜,而是建立根据地防守,逐步扩大实力,与列强齐驱并驾,成为世界一流强国后再夺回海洋主权,争取国家和民族的独立。孙中山深信,只有推行三民主义纲领以及维护海权、保卫海防,才能实现国家的繁荣与安全。如果失去了海权和海防,那么无论是民族主义、民权主义还是民生主义,都将无法得以实现。在《建国方略》中,孙中山极力称赞明朝郑和下西洋所取得的成就,其实是为了弘扬明初放宽海禁、向海洋进军、实行开放的民族精神,唤起全民族的海洋意识。他严厉批评清朝闭关锁国,导致我国未能顺应世界潮流,造成中国的落后,使外国势力剥削我国,任意控制我国的命脉。

孙中山认为,国家主权是发展海权的前提。一个国家没有主权,海权就无从谈起。近代中国主权丧失殆尽,海防力量薄弱,导致海权也被帝国主义列强分割,沿海港口、岛屿和海上贸易权等被列强所掌控。中国广阔的海洋不仅未能为中国人造福,反而成为列强入侵中国的通道,为他们的侵略提供便利。1921年,孙中山发布了《就出席华盛顿会议代表资格的宣言》,强调应派遣了解海洋权益事务的代表出席会议,以争取废除不平等条约,恢复中国的海洋权益。

孙中山将反对帝国主义视为新三民主义的一个重要内容,这进一步加强了他恢复中国主权的决心,包括恢复海权。他曾言:"仆之意最好行开放主义,将条约修正,治外法权收回。"孙中山认为,太平洋海权对中国来说具有生死存亡的重要关系。他深刻指出:"何谓太平洋问题?即世界之海权问题。""太平洋之中心,即中国也;争太平洋之海权,即争中国之门户耳。"孙中山将太平洋视为中国突破封闭自守、走向世界所必经的通道。因此,他认为夺取太平洋的海权"实为至要"。

孙中山同样将海洋与民生主义联系在一起,主张向海洋寻求资源,并致力于建设现代化的海洋经济。他在《建国方略》中的《实业计划》中,系统地阐述了中国海洋经济的发展,并将其视为发展中国近代经济的重要途径。具体举措包括:建设三个世界级大港以及四个二等港、九个三等港和十五个渔港;打造能够航行到海外的商船队,同时加强沿岸和内陆的浅水运输船队,并大量增加渔船,至少需要1000万吨的海外和沿岸商船。一战结束后,他更加重视港口和铁路的并进,并进一步明确了海权思想,以及开发海洋、建设海洋经济的重要地位和意义。

三、孙中山维护海权和利用海洋

从孙中山的革命经历可见,他深刻认识到在推翻清政府之前,争取海军的支持对于建立革命政权具有至关重要的意义。在推翻清朝之后,他在国家建设方面进行了详细规划,充分阐述了实施三民主义必然需要开发和利用海洋资源,维护国家的海权。

在近代中国,最前列的海权提倡者应当是孙中山先生。作为一个革命者,孙中山展现了代表新时代、没有旧王朝和旧制度负面烙印的形象。他使得国民以更加高层次的视角关注海权,解脱了传统海上防御思维的限制,同时摆脱了近代以来朴素海权思想的约束,使国民的思维走向更为深入的层面。因此,他的海权思想对于那个时代以及后世来说都是一笔宝贵的财富。

首先,作为孙中山革命指导思想的一部分,海权思想贯穿始终。孙中山深入地分析国情,推动革命的前进,呼吁人们重视海权。1923年,在发表《关于海关问题之宣言》时,就表达了收回海关主权的决心,以维护国家主权,击碎列强的侵略计划。

其次,孙中山的海权理念为中国争取主权独立提供了思想和理论上的支持。孙中山指出:"海权之竞争,……今后则由大西洋移于太平洋矣。"这种前瞻性的海权思想,在提高中国人民对海权的认识和促进海洋产业的开发方面,具有积极的引导作用。

最后,孙中山率先看破了中国旧海防观与国际海权观之间存在巨大断层。这个断层的存在引发了许多悲剧。在革命进程中,孙中山努力将海权概念付诸实践,提升全体国民的海洋意识,加强海军建设,捍卫我国海洋主权和权益。

海权是一个关系到国家命运的重大问题,发展海权既是国家生存与发展的内在要求,也是应对现实威胁的必要之举。在孙中山所处的历史时期,海权的作用虽然没有充分显现,但其重要性仍不容忽视。孙中山对于中国海权的复兴做出了重要的贡献。

第二节　抗日战争,喋血护海权

> 母亲,莫忘了我是防海的健将,我有一座刘公岛作我的盾牌。快救我回来呀,时期已经到了。
>
> ——闻一多

1931 年 9 月 18 日,日本军队在沈阳北大营附近制造了震惊中外的九一八事变。面对日军的挑衅和侵略,国民政府采取了不抵抗政策,结果导致东北三省在数月内全部沦陷。东北沿海 2000 多千米的海岸线上,所有的港口和岛屿都被日本占领。

■ 一、日本侵华战争和"攘外必先安内"

九一八事变是日本军国主义长期以来对华侵略扩张和试图将中国变为其独占殖民地的必然结果。西方列强不愿压制日本,而是希望日本强大后进攻苏联。他们也因为自己的内部问题,而无暇干涉东亚事务。日本一直渴望控制中华大地。20 世纪 30 年代初,日本陷入经济和政治危机,在内外交困下,日本决定冲破华盛顿体系,策划了九一八事变,发动了侵华战争。

蒋介石此时奉行"攘外必先安内"政策,将主要精力和资源集中在对中国共产党和根据地进行的"围剿"上。此前,中国共产党先后组织了南昌起义等数十次起义,创建了井冈山革命根据地等十几个革命根据地,人数发展到了 7 万多人。在斗争中,中国共产党多次取胜,不断壮大。此时,国民政府还面临因自然灾害导致的民众暴动。1931 年 7 月 28 日,长江中下游豪雨成灾,洪水席卷了江淮流域的 8 个省份,严重影响当时的经济和赋税重心。本已困境重重的财政状况雪上加霜,蒋介石早已陷入进退两难的境地。

■ 二、日军大肆进攻和南部沿海沦陷

日本占领东北后,他们紧紧盯着位于南京的国民政府,将其作为攻击目标。而控制上海则是进攻南京的重要一步。1932 年初,日军统帅部一边派人在上海挑起事端,一边从海上大量增派士兵到淞沪地区。那时的蒋介石并没有考虑与日本开战,而是以"先安内后攘外"的思想为主导,将大部分精力用于"围剿"红军。日军迅速调集军队前往上海,由蒋光鼐担任总指挥、蔡廷锴担任

军长的十九路军紧急调动了六十师和六十一师来布防宁沪沿线，双方即将展开激战。3日晚，日军派出了3艘巡洋舰，并得到5架飞机的支援，向吴淞炮台发起攻击，我方炮台守军不畏强敌进行顽强反击，击沉日舰一艘，击伤三艘。在闸北地区的中日争夺战中，中国空军奋勇迎战，这也是中日两军之间的第一次空战。经历了近百年的外国侵略，中国人民的反抗意识不断增强，这无疑是中华民族的觉醒。日军在大规模调整作战计划后，以火炮和飞机为先导，对闸北、吴淞进行了多次冲锋，但在守军坚密的防御下无法取得任何进展。因此，侵华日军不得不屡次更换指挥官。

日本侵略者不肯罢休，于是在其军舰的护送下不断增兵。此时，中国海军实力已大大落后于日军，无法在海上有效阻击侵略者。我方守军阵地遭遇了三失三得，双方伤亡都非常惨重。与此同时，日本海军和空军逐渐展示出优势，中国守军兵力不足，吴淞炮台、闸北相继失陷，中国军队退守到第二道防线。日军在攻占了浏河、嘉定、南翔、真如等地后停止了进攻，对占领区进行了扫荡，双方停火。中国军队在此次对抗日军登陆的作战中，虽然没有取得预期的胜利，但有效地打击了侵略者的嚣张气焰，同时也推动了我国抗日救亡运动的进一步高涨。

1937年7月7日，日本陆军在中国北平西南的卢沟桥挑起了七七事变。中国的军队坚决迎战，由此拉开了中国全民族抗战的序幕。当时的国民政府考虑到海军的实力相对薄弱，不利于在海上作战。因此，他们下令海军退回港口，并主要集中在长江、青岛、刘公岛、虎门等地。日本海军计划入侵长江，袭击上海和南京。自从8月上旬开始，他们就在吴淞口周围的海域集结。蒋介石下令用船只堵塞江阴水道，但并没有阻止侵略者的步伐。日本海军对上海发起攻击，中国守军奋起抵抗，这引发了淞沪会战。由于实力薄弱，中国海军通过沉船阻塞航道和布设水雷来阻止日本舰船的进攻，但也主动攻击日本舰船。中国军队坚决抵抗，迫使日本军队增兵。11月12日晚上，上海沦陷。12月2日，江阴要塞陷落。紧接着，国民政府首都南京被敌人攻破，日本军队展开了血腥的南京大屠杀。

在抗日战争爆发之后，国民政府的海军官兵奋勇抵抗敌人的进攻，不惜用自己的船只和鲜血来阻止敌人的攻势，然而日军强大的攻势还是突破了他们的防线。在武汉保卫战之前，九江防线是最后的一道防线，但在湖口战役后，九江防线也崩溃了，日军从水陆两路直接逼近国民政府临时所在地武汉。10月25日，武汉失陷。

从南京失陷到武汉失陷，经历了长达 10 个月的时间。中国海军以沉舰、水雷和炮队构筑了一道又一道的防线，尽管在一定程度上取得了一些胜利，但仍然无法阻止日军的推进。这个事实告诉我们，如果没有强大的海军将侵略者消灭在国门之外的大洋上，是难以保卫祖国的内河和陆上领土的。

淞沪会战刚刚开始不久，为了与上海的作战相配合，日本海军决定牵制华南地区的中国军队。他们派出了一部分舰艇和飞机南下，进行骚扰行动，同时等待机会摧毁中国的海防设施。当时，广东海军只有一艘 2600 吨的老式巡洋舰"肇和"号以及十多艘炮舰或炮艇，它们都隶属于广东江防司令部。抗日战争爆发时，广东海军已经在珠江等航道上使用沉船和水雷进行封锁，形成了封锁线，而舰艇则分散到各个海口，加强了巡逻。

1937 年 9 月 14 日，日本海军第三舰队第五水雷战队的旗舰"夕张"号以及 3 艘驱逐舰航行至虎门。当时我方虎门的海防哨兵发现了敌舰，之后双方展开了激烈的战斗，持续了 40 分钟。在战斗中，有 1 艘敌舰中弹起火，而其他 3 艘敌舰则不敢再继续战斗，选择保护着受伤的敌舰逃离。不久之后，这艘受伤的敌舰沉没在伶仃洋中。日本海军遭受如此惨败后，改变策略开始派遣飞机进行轰炸，广东海军的大部分舰艇相继被炸沉。中日虎门海战是抗日战争中中日两国军舰之间唯一的一次海战。

厦门位于中国东南沿海，是一座重要的海港城市。中国海军在这里设有要港司令部、航空处、造船所和弹药库等机构。长期以来，日本海军一直对厦门心存野心，派遣间谍在该岛活动，并频繁派舰艇在厦门海域巡航。1938 年 5 月，日军开始对厦门展开攻势，将其命名为"D 作战"行动。中国守军与日军展开了惨烈的战斗，伤亡极其惨重，最终未能抵挡住日军的入侵，厦门之战宣告结束。

在闽江口，日本海军舰艇不断袭扰，旨在封锁入海口。尤其是日军利用空中优势，多次袭击中国舰艇。日军占领厦门后，集中兵力从海上攻击连云港。连云港的中国守军坚守阵地，多次击退日军进攻。

自 1938 年起，在抗日战争中，中国海军采用新的作战方式——布雷。他们在长江及华南主要河道上实行了水雷封锁，以水雷游击战的形式袭击日军舰艇和运输船，破坏并切断日军的水上交通线，同时协助陆军进行作战。尽管中国海军未能完全阻止日军通过中国沿海港口登陆并进入长江，进而侵略中国腹地，但他们对抗击日军、迟滞其侵略速度以及最终战胜日本帝国主义发挥了重要作用。

在这场战争中，因为中国海军实力薄弱，无法与日本海军进行正面交锋，所以对于侵略者来说，就像是进入了一个无人看管的荒原。尽管中国海军退守到江河湖泊后，采取了水雷战等灵活机动的战术，对日本侵略者造成了一定的打击，但自己也付出了巨大的牺牲，大部分宝贵的舰艇沉没在江中，用于堵塞河道，这在整个战争的胜败中起不了太大作用。抗日战争给我们带来的最大启示之一就是，作为一个拥有1.8万多千米海岸线和广阔海域的海洋大国，要有效保护祖国的海洋权益，抵御海上的外敌入侵，我们必须高度重视海军建设，必须建立一支强大的人民海军，以守护国门。

三、陈嘉庚力挽海权和海洋人才培养

陈嘉庚，见证中国海权百年兴衰的伟人，他为航运奔走疾呼，为海权奔走疾呼。作为我国较早具备国家海权意识的有识之士之一，陈嘉庚是近代水产和航海教育的推动者。他长期居住和工作在南洋地区，早早接触西方文明，对世界的认知清晰而完整。他身上的海权意识体现了对西方文化的吸纳和借鉴，也受到中国优秀传统文化的影响。

陈嘉庚是福建海洋文化的典型代表人物，他所体现的海权意识无疑源自对海洋文化的集中提炼，并贯穿于他的一生中所做的种种事情之中。陈嘉庚小时候并未接受过正式、深奥的国学训练，但他却将海洋文化深深融入了习性之中。在集美私塾，他不仅涉猎了广泛的知识，读过四书五经，还热衷于详细记录闽南地区与海洋的书籍，比如《福建通志》等。通过了解古人对海洋的开发和利用，他更深切地认识到人海共生的漫长历史。此外，他对郑成功抗击荷兰收复台湾以及林则徐虎门销烟等故事也有所耳闻，了解更多国家大事，使他对祖国抵御外来侵略的历史有了更深的认识。这不仅培养了陈嘉庚"海纳百川，有容乃大"的家国情怀，也为他的海权意识的萌芽奠定了坚实的基础。

自从鸦片战争爆发以来，中国遭受列强入侵的苦难，伴随着不平等条约签订，中国的海权受到了严重的侵犯，海防漏洞百出，中国的近代海洋史上发生了一连串的悲剧。陈嘉庚目睹了甲午海战惨败，深深感受到了海权丧失所带来的耻辱。中国政府失去了对海洋的利用和控制权，中国的航运事业也完全掌控在外国人手中。列强垄断了中国沿海以及内河的运输业务，从中获得了巨大的利润。陈嘉庚在南洋经商时取得了成功，实业获利丰厚，但也不得不面对注册船只时要加入英国国籍的窘境。痛定思痛，他的梦想便是开拓海洋、振兴海权，为实现中华民族的复兴而努力。

陈嘉庚在年轻时就开始致力于培养专业人才,以重振海权。他在刚刚成年时就开始开办教育机构。在办学的过程中,陈嘉庚的"惕斋学塾"从无到有地发展起来,"道南学校"也由旧向新,他还创办了"水产航海学校",使教育理念从陆向海转变。陈嘉庚为了更好地培养人才,将"开拓海洋、挽回海权"作为办学宗旨,着重培养渔业和航业的核心人才。陈嘉庚目睹了旧中国航运权益全部被外国人占据的局面,他意识到中国是世界人口第一大国,拥有广阔的领海,但船舶数量甚至不如一般小国家,深感"海权丧失,渔利尽废",这是一种巨大的耻辱。陈嘉庚认为,为了振兴航业,必须通过扎实的人才培养来实现。为了保证学校的良好运营,陈嘉庚注重选拔优秀教师,并强调理论和实践相结合的原则。他提倡将实践课程与正式课程并行,提供学生更好的实习条件。为此,陈嘉庚不惜投入大量资金购置了"集美一号""集美二号""郑和号"等船只设备。

新中国成立后,陈嘉庚尽心履行作为政协委员的职责,为国计民生考虑,提出了在沿海重要地区设立水产航海学校的方案。他将水产航海教育推广至全国,以海洋为基础,深入推进海洋教育的发展。陈嘉庚创办、倡议的水产航海教育取得了显著成绩,为国家培养了大批优秀学生,为巩固我国海权做出了重要贡献。

因为办学指导思想明确、教学方法完整且与实际联系紧密、海上训练设备不断充实完善,兼之教师具备一流的教学水平、学生具备良好的学习风气,陈嘉庚所创办的水产航海教育取得了明显的成绩,为国家培养出了大量优秀的海员。他们实际操作能力较强,在社会上得到了广泛的好评。同时,水产航海教育为我国航海事业奠定了坚实的人才基础。

第三节　抗战胜利,中国收复海疆

> 百倍警惕守海防,我们在海上巡逻站岗,保卫着祖国的繁荣富强。
>
> ——申家志

1945年8月6日和9日,美国对日本的广岛和长崎实施了两次原子弹打击。8日,苏联向日本宣战,给予日本关东军毁灭性的打击,中国军民对日本侵略者发动了全面反攻。8月15日,日本宣布无条件投降。9月2日,日本代表在停泊于东京湾内的美国战列舰"密苏里"号上,与中、美、英、苏等盟国代表签署了投降书。第二次世界大战正式结束。中国人民经历了八年的艰苦抗战,最终取得了伟大的胜利。

一、接收舰艇雪国耻

1945年9月10日,中国战区陆军总司令部向冈村宁次下达命令,规定:"日本驻华舰队及越南北纬十六度以北地区(香港除外)暨台湾澎湖列岛,日本舰队之舰船、兵器、器材、一切基地设备,及基地守备队、陆战队暨一切其他附属设备等,兹派中国海军总司令部参谋长海军中将曾以鼎负责统一接收"。据王红在《抗战胜利后中国接收日本舰艇始末》一文中统计,中国海军接收的日本舰船,包括驱逐艇、小型潜水艇、鱼雷艇、小炮艇和各式小艇、帆船等,共2169艘,8.2万多吨,但大部分损坏严重,真正可用的只有192艘,1.9万多吨。

1947年2月,中国海军少校钟汉波被任命为中国驻日代表团军事组首席参谋,前往日本协商分割日本军舰及索回甲午战争被掠文物。甲午战争期间,日本军队曾俘虏了清朝北洋海军的"镇远"等舰船。为了炫耀胜利,日本将"镇远"及在刘公岛搁沉的"靖远"的铁锚摆放在东京上野公园,锚的周围还竖立了"镇远"舰的主炮炮弹10枚,并用"镇远"舰的锚链围绕着,这是中华民族的耻辱。为了洗清国家耻辱,经过一番努力,于5月1日在东京码头举行了归还仪式,钟少校亲自签收。第一批锚链于5月4日运抵上海,第二批也于同年10月抵达。

当年6月至9月,在位于东京的驻日盟军总部举行的日本军舰分配仪式上,中国陆续抽中34艘军舰,包括7艘驱逐舰、17艘护航驱逐舰、2艘驱潜舰和8艘其他舰只,总吨位约3.6万吨。这34艘军舰最终分四批开往中国。钟少校监送第一批8艘军舰先行回国。这支舰队到达上海外滩时,当时的上海几乎万人空巷,市民争相观看。7月6日,隆重的接收仪式在上海高昌庙码头举行。军舰上的原有的日本旗帜被降下,中国国旗和海军旗缓缓升起来。这些日本军舰的舰名也进行了更改,随后编入中国海军。此后3个月,剩下的三批军舰相继驶达中国。中国海军对这些军舰进行了检查和维修,最终编入中国海军服役的有28艘。

二、收复台湾和南海诸岛

1945年7月26日,中、美、英三国发表《中美英三国促令日本投降之波茨坦公告》,宣布"开罗宣言之条件必将实施,而日本之主权必将限于本州、北海道、九州、四国及吾人所决定其他小岛之内"。在公告中明确了日本领土的限定范围,遏止了日本军国主义妄图扩张领土的野心,体现了国际社会对日本侵略行为的公正裁决和对被侵略国家权益的维护。

同年9月2日,日本在向各同盟国投降而签署的无条件投降书中表示,接受美、中、英三国政府元首7月26日在波茨坦宣布的,及以后由苏联附署的公告各条款。这意味着日本在法律上正式承认了同盟国对其战后处置的各项规定。日本宣布无条件投降后,中国收复台湾终于进入实施阶段,国民政府任命陈仪为台湾省行政长官,开始筹划去台受降接收的有关事宜。

1945年10月25日,陈仪宣读受降书,日本最后一任台湾总督安藤利吉在受降书上签字。至此,日本将甲午战争后从中国窃据的台湾、澎湖列岛交还中国的一切法律手续均告完成。收复台湾,是中国反法西斯战争胜利的重要成果之一,也洗刷了甲午战败后的耻辱,是中国领土主权完整恢复的关键环节,对于中国民族自信心的重建和国家尊严的维护具有深远的历史意义。

在日本的殖民统治下,台湾人民遭受了诸多压迫,他们渴望摆脱殖民统治,回归中国大家庭。国民政府接收人员尚未赴台,台湾民众已经开始自发争挂国旗,争学国语,自觉维持社会秩序,以实际行动响应接收。国民政府官员和军队抵台,均受到台胞欢迎。10月25日受降典礼结束后,意味着台湾正式摆脱日本的殖民统治,回归祖国怀抱。"台北40余万市民……老幼俱易新装,家家遍悬灯彩,相逢道贺,如迎新岁,鞭炮锣鼓之声,响彻云霄,狮龙遍舞于全市,途为之塞。""家家户户,欢欣无比,家家户户,祭祖谢神,向先民冥中告知台湾已归回祖国。"在日本殖民统治期间,民众的的爱国情怀、对民族身份的认同只能深埋心底。回归后,他们通过遍悬灯彩、相逢道贺等方式,尽情地释放着多年来压抑的情感,那种氛围饱含着对回归祖国的热切期盼终于成为现实的欣慰。

收复台湾后,西沙、南沙群岛的收复也提上日程。南海诸岛自古就是中国领土。日本发动全面侵华战争后,非法侵占了包括西沙、南沙群岛在内的中国南海诸岛,并试图利用其地理优势,构建海上防御体系,同时开发南海的渔业、矿产等资源,为其战争机器服务。日本在这些岛屿上大规模开采磷矿,导致南海的岛礁资源和生态环境遭受严重破坏。

根据《开罗宣言》和《波茨坦公告》等国际文件的明确规定,日本所窃取于中国之领土,包括南海诸岛等应归还中国。随着日本投降,中国有权收回被日本侵占的所有领土,包括南海诸岛。在收复台湾后,国民政府立即组织了以海军为主的力量,协助广东省政府南下接管南海诸岛。

国民政府调派"太平"号、"永兴"号、"中建"号和"中业"号组成舰队,由上校林遵担任指挥官。1946 年 10 月 25 日,舰队指挥人员和广东省政府派遣的代表麦蕴瑜,连同政府代表 13 人一同在上海集中,于 10 月 29 日启航前往南沙群岛。

1946 年 11 月,舰队经停虎门后启程,首先抵达海南榆林港。稍作休整后,"永兴"号和"中建"号两艘舰船前往西沙群岛。24 日清晨,两艘舰船抵达了锚地。随后的 29 日,舰队再次派遣仪仗队,与国民政府各部门的代表、广东省的接收专员以及驻岛人员一同前往,举行西沙群岛收复纪念碑的揭幕仪式,并举行鸣炮升旗活动。因为以"永兴"号军舰接收西沙群岛,所以西沙群岛中最大的岛屿被命名为"永兴岛"。

12 月 9 日,"太平"号和"中业"号两舰从榆林港出发,驶向南沙群岛,12 日上午抵达太平岛附近海面。太平岛原名黄山马峙,后因"太平"号军舰负责接收该岛,为纪念此军舰,遂将该岛命名为"太平岛"。被占据多年的南沙群岛再次回归祖国怀抱,成为我国南部疆土的前哨站。

这次接收行动从法律和事实上恢复了中国对西沙、南沙群岛的主权,有力地维护了中国领土的完整,向世界宣告了中国对南海诸岛及其附近海域无可争辩的主权。南海诸岛地理位置重要,拥有丰富的自然资源和重要的战略地位。中国收回西沙、南沙群岛,对于保障中国的海洋权益、开发利用海洋资源以及维护海上安全等方面都具有深远意义。

■ 三、解放战争中的舰艇起义

中国海军在抗日战争期间做出了重大的牺牲,舰艇和装备所剩无几。战后,国民政府通过接收日本本土残存的舰艇,以及美国和英国所赠送的舰艇,在美国顾问团的协助下,重新组建了江、海防舰队,实力远超过战前水平。

中国接受美国的舰艇赠送,是根据美国战时援助英国及所有被轴心国侵略国家的"租借法案"而商定的。根据美国《512 法案》,授权可将不超过 271 艘的海军舰艇及浮坞等相关器材无偿转让给中国,中国实际只接收了 159 艘。美国向中国国民政府提供军事援助的条件是美国顾问团要参与监督,并规定不得聘用或接受第三国提供的军援和军事顾问。根据协议,美国可以介入中国内政,这给中国主权造成了很大的伤害。美国向中国销售的剩余军事物资都明显带有美国的标签,舰艇的名称分别以"中、美、联、合"四字冠词命名,并规定了"30年内,中国所有海港,美军舰皆可自由进入使用"、"中国全部领土、全部事业一律对美国开放"以及"一旦发生战争时,美国与中国将共同使用青岛海军基地"等条约条款。

1949年初,国民党在大陆的统治面临崩溃,抗战后重建的海军体系也开始解体。一些思想进步的官兵不愿意继续被蒋介石集团和美国控制,纷纷率领舰艇起义,投奔人民解放军。据相关统计,从1949年2月到12月,共发生了21起舰艇起义投诚,其中4起失败,起义舰艇数量达到了97艘,官兵总数超过3800人。

第一艘起义的国民党舰艇是"黄安"号。该舰原是一艘日本护航驱逐舰,排水量为745吨,日本投降后由国民党海军接收。"黄安"号的起义打响了国民党海军舰艇起义的第一枪,在国民党海军内部引起了巨大的震动。在所有的海军起义和投诚事件中,最引人注目的是"重庆"号吴淞口起义。"重庆"号是英国于1948年5月移交给国民政府的一艘轻型巡洋舰,标准排水量为5200吨,总马力为64万匹,最高航速超过30节。"重庆"号是国民党海军的"王牌"军舰。1949年2月25日凌晨,这艘舰的爱国官兵毅然发起起义,驾驶舰艇离开吴淞口北上,次日上午抵达了解放区山东烟台。"重庆"号的起义震动国内外,在国民党内部引起了巨大的风波,国民党当局恼羞成怒下令空军一定要将"重庆"号炸毁。

3月3日,4架由美国制造的B-24式重型轰炸机飞到了"重庆"号上方,投下了12枚重磅炸弹后逃离。由于烟台驻军没有防空部队,"重庆"号面临危险。因此,中共中央决定将"重庆"号转移到东北解放区的葫芦岛,并派遣两个高射炮连提供保护。与此同时,美国的潜艇经常出现在葫芦岛海面上,侦察"重庆"号并搜集防空情报,并指挥国民党空军进行轰炸行动。3月18日的早晨,国民党空军的侦察机首先出现,之后每隔20分钟就有一队轰炸机对"重庆"号进行大规模轰炸。由于接连受到袭击,"重庆"号的右舷被炸出了一个直径超过3米的大洞,舱内发生火灾,装备被损毁。然而,在官兵们的奋力扑救下,军舰转危为安。下午4时,国民党空军的飞机再次袭击,"重庆"号多次中弹。为了保护海军建设人才,只能"舍舰保人"。当晚,几名水兵打开了舰艇的前后机舱和弹药库的海底门,"重庆"号缓慢地下沉,3个小时后在码头附近沉没。

起义规模最大的是南京江面上的国民党第二舰队,这次起义由周恩来亲自策划和主持。当时上海的地下党人与国民党海防第二舰队司令林遵进行了会晤,第二舰队决定弃暗投明。1949 年 4 月 23 日凌晨,国民党海军总司令桂永清在逃离南京前紧急召见了林遵,威逼利诱他将舰队撤到上海。然而,林遵毫不动摇。他回到锚地,与旗舰舰长吴建安商议后,随即召开了舰长会议,讨论是否起义。会议结束后,林遵率领"惠安"号等 30 艘舰艇和 1271 名官兵成功发动起义。当晚,解放军渡江占领了南京。

国民党的舰艇起义,对于瓦解国民党军队的士气、增强人民解放军的威望都有着深远的意义。同时,这些起义舰艇也成为了人民海军早期力量的重要组成部分,为新中国海军的建设提供了宝贵的物质基础和专业人才。

思 考 题

1.以孙中山为例,谈一谈中国近代海权意识的转变之路。

2.在抗日战争中,中国海军虽然没有出海作战,但驻防海口的部队和地方海军还是进行过持久的抗日作战。请列举相关史实。

下 篇

第七章

新中国的海洋战略和海权重塑

从新中国的历史可以看出,海洋事业的发展与毛泽东的海权战略思想密不可分。新中国成立之初,当时的历史环境,不利于系统的海权战略思想形成。因此,须将海洋事业的发展与海防安全一同融入国家战略之中。在新中国成立初期,"发展海军、守卫海防"成为发展海洋事业的首要战略目标。在这一战略思想和目标的指导下,新中国海洋事业经历了一段以"建立海军、保卫海防、调查中国近海资源、强化海上战场建设"为主要发展目标的时期。

第一节　自力更生,挽回海权从头开始

我们一定要建设一支海军,这支海军要能保卫我们的海防,有效地防御帝国主义的可能的侵略。

——毛泽东

新中国成立后,美国对新中国怀有敌意,导致以美国为首的资本主义国家对新中国实施了全面封锁。面对这样严峻的国际形势,新中国无论是否愿意,已经失去了通过海洋与外部联系、走向世界的机会,海洋失去了桥梁的作用。在那个时候,为了恢复与重建国民经济,面对世界政治、经济、军事的新格局,近海防御成为毛泽东海洋战略思想的起点。

新中国刚成立时,毛泽东亲自点将,让"旱鸭子"萧劲光担任海军司令员,并风趣地说道:"我看中的就是你这只'旱鸭子'。"因此,"旱鸭子也得下海"成为毛泽东对海权的重要思考。按照毛泽东的意图,这个"旱鸭子"是从军事角度出发,要求解放军能组建海军,实现近海防御。这是毛泽东在当时历史条件

下,对于新中国海洋事业发展的希望和目标。新中国成立后,美国试图利用台湾岛作为反对新中国的前沿阵地。1950 年 6 月,朝鲜战争爆发。在声称"协防"台湾的名义下,美国总统杜鲁门下令第七舰队进驻台湾海峡,公然以武力干涉中国内政,这使得台湾海峡成为冷战的分界线。

一、铸就海上长城,再造人民海军

人民海军的起源可以追溯到华东海军。在中华人民共和国成立后,人民海军的总部迁至北京。毛泽东在中国人民政治协商会议第一届全体会议上所发表的开幕词中曾这样表示:"我们的国防将获得巩固,不允许任何帝国主义者再来侵略我们的国土。在英勇的经过了考验的人民解放军的基础上,我们的人民武装力量必须保存和发展起来。我们将不但有一个强大的陆军,而且有一个强大的空军和一个强大的海军。"毛泽东对海军问题非常关注,原因如下:

第一,国共军事对垒的主战场发生了变化。中华人民共和国成立时,华南、西南和沿海岛屿仍为国民党军队所盘踞,他们依靠海上力量的优势,占据了舟山群岛、万山群岛、海南岛、台湾岛、澎湖列岛、金门岛、马祖列岛等岛屿,对沿海居民的生活造成了很多麻烦,并且这些岛屿很容易成为"反攻大陆"的基地,威胁不容忽视,因此非常需要强大的海军来继续完成中国的革命任务。

第二,从鸦片战争开始,中国所受的侵略主要来自海上,这使得毛泽东非常重视来自海上的侵略危险。中国近百年以来的屈辱经历,以及新中国成立后与苏联之间的海上海军主权争议,再次让毛泽东深刻认识到海军的强大意义。1953 年 2 月 24 日,毛泽东视察海军舰艇部队时指出:"我们国家穷,钢铁少,海防线很长,帝国主义就是欺负我们没有海军,一百多年来,帝国主义侵略我们大都是从海上来的。"并写下了"为了反对帝国主义的侵略,我们一定要建立强大的海军"的题词。

第三,中华人民共和国迫切需要建设一道"蓝色的海上长城"。毛泽东曾经说过:"海军一定要搞,没有海军不行。"这是他深思熟虑后对海洋事业作出的明确结论。毛泽东早就认识到,建立海军是中国独立自强的象征。他非常关心海军建设的过程,在他的指导下,中国建立了第一所正规的海军学校,并亲自批示组建了海军航空兵部队,还亲自关注海军武器装备的发展,并批准组建了海军潜艇部队,同时重视人民海军的后勤建设。值得特别指出的是,从1953 年之后,伴随着人民海军的建设,我国海洋科学进入了全面整合和发展的初期阶段。通过这一系列的举措,我们可以清楚地看出,作为新中国的缔造者,毛泽东对中国海洋事业发展的战略思想非常明确,即走上发展强大海军的道路。

为了满足对敌斗争的需要,海军在毛泽东的高度重视下完成了建军任务,这是新中国成立后海军发展的黄金时期。然而,由于各种原因,人民海军的发展出现了缓慢的态势。人民海军建设遇到的第一个困难,是抗美援朝造成的。1950 年初,毛泽东和周恩来在苏联谈成了一笔 3 亿美元的贷款,他们慷慨地将一半批给了人民海军。这 1.5 亿美元对于当时国民收入仅有 220 亿美元的中国来说,是一笔巨大的款项。它让人民海军司令员萧劲光怀揣着美好的憧憬,也令当时的空军司令员刘亚楼羡慕不已。后来,在抗美援朝战争中,空军需要更多的飞机,国家集中外汇解决了空军的问题。

随着中国人民解放军陆续解放了浙江、广东沿海岛屿和海南岛,剩下的国民党军队被迫撤退到台湾岛、澎湖列岛、金门和马祖等地。台湾海峡附近形成了军事对峙的局面,在这种情况下,海军所扮演的角色不再明显,海军的发展也逐渐受到影响。

20 世纪 50 年代末,世界科学技术飞速发展,这对海军装备来说是一场重大的革命。导弹化、核能化和快速精准化成为了发展的主要方向。帝国主义的核威胁不断,对新中国构成了威胁。为此,在经济条件并不富裕的情况下,中国决定开始攻关"两弹一星",以争取主动权和摆脱核垄断。中国海军也迎头赶上,努力跟上世界海军的发展潮流。毛泽东曾说过,有了钢铁,我们要大力发展造船工业,建立"海上铁路"。因此,中国的海洋事业发展前景光明。

然而,在这个关键时刻,新中国的海洋事业遭遇了一系列问题。20 世纪 50 年代末期,中苏之间爆发了一场海军主权争端,对中国的海军建设和海洋观念产生了深远影响。苏联提议与中国"共同建立长波电台",甚至建立"共同舰队"。这种行为明显是在争夺中国海域的控制权,即主权。毛泽东对此非常愤怒。1959 年,他在莫斯科与赫鲁晓夫当面进行了交锋,并嘲讽地说:"我们不要海军,我们打游击去。"

在新中国成立后,海军和海防成为毛泽东一直关注和思考的重要问题,也是新中国海洋战略思想的基础和起点。然而,面对帝国主义的全面封锁、国内各个产业的恢复以及经济问题和科技落后等实际情况,海军建设不得不顺应国家经济建设的需要,顺从发展空军和防空建设,服从以发展空、潜、快为主的内部建设等。中国建设强大的海军需要依赖国家工业水平的现实状况,依赖科学技术的支持,依赖国家的综合实力。中国海军的发展步伐已经开始减缓,建设强大的海军也受到了一定的影响。人民海军的主要目标是加强近海防御能力,而与蔚蓝色的远海大洋之间的距离也逐渐拉大了。

二、领海线:毛泽东不同寻常的决定

1958 年,根据当时台湾被国民党占据的情况和全球形势,人民解放军接到指令,进行了对金门的炮击行动。

对金门的炮击和封锁,自 1958 年 8 月 23 日开始,持续了 10 天之后,金门出现了严重的物资供应困难,台湾当局和美国远东驻军也进入了临战状态。在这种情况下,毛泽东于 9 月 3 日决定,福建前线自 9 月 4 日起停止炮击 3 天,以观察各方的行动。

《中华人民共和国政府关于领海的声明》在 9 月 4 日公布,当天清晨,人民解放军福建前线的炮兵静默无声。声明具体如下:

(一)中华人民共和国的领海宽度为 12 海里。这项规定适用于中华人民共和国的一切领土,包括中国大陆及其沿海岛屿,和同大陆及其沿海岛屿隔有公海的台湾及其周围各岛、澎湖列岛、东沙群岛、西沙群岛、中沙群岛、南沙群岛以及其他属于中国的岛屿。

(二)中国大陆及其沿海岛屿的领海以连接大陆岸上和沿海岸外缘岛屿上各基点之间的各直线为基线,从基线向外延伸 12 海里的水域是中国的领海。在基线以内的水域,包括渤海湾、琼州海峡在内,都是中国的内海,在基线以内的岛屿,包括东引岛、高登岛、马祖列岛、白犬列岛、乌坵岛、大小金门岛、大担岛、二担岛、东椗岛在内,都是中国的内海。

(三)一切外国飞机和军用船舶,未经中华人民共和国政府的许可,不得进入中国的领海和领海上空。任何外国船舶在中国领海航行,必须遵守中华人民共和国政府的有关法令。

(四)以上(一)、(二)两项规定的原则同样适用于台湾及其周围各岛、澎湖列岛、东沙群岛、西沙群岛、南沙群岛以及其他属于中国的岛屿。

台湾和澎湖地区现在仍然被美国武力侵占,这是侵犯中华人民共和国领土完整的和主权的非法行为。台湾和澎湖等地尚待收复,中华人民共和国政府有权采取一切适当的方法在适当的时候,收复这些地区,这是中国的内政,不容外国干涉。

这份声明的重点内容是宣布中国领海的宽度为 12 海里,并且强调所有外国飞机和军舰，在未经中国政府许可的情况下，不得进入中国领海和领空。

在这个时候停火并提出领海的边界，是毛泽东在仔细思考后做出的重大战略决策。在新中国成立初期，中央人民政府就开始研究领海的范围问题。然而，由于国民党军队在沿海进行封锁以及朝鲜战争爆发后美国海军进入中国近海，这个问题被暂时搁置了。1955 年后，随着国家经济建设的进展和沿海紧张局势的缓和，领海的问题再次被提上了议事日程。

1958 年夏天，毛泽东考虑对金门进行炮击，同时将领海范围的问题提出。然而，在那个时候提出国家的领海基线并不是一个简单的问题，特别是在中美之间存在军事对峙的情况下，而美国又大力支持日本和"东南亚条约组织"各国。因此，我们必须非常慎重地进行行动。当时我们需要研究的主要问题有两个方面：一是要确定一个既能确保我国权益又不会引起重大争端的适当领海界线；二是要考虑我国海军和海防力量的情况，确保这一领海线能够得到切实的保障。

在 1958 年 8 月 23 日开始对金门进行大规模炮击之后，毛泽东亲自在北戴河召集了来自各方面的人士，探讨我国领海问题，并征求了一些了解国际法的专家学者的意见。这一决策的核心目标是维护我国的海洋权益，特别是保护我国的渔业资源。最终，12 海里的领海线被正式确定。在这次研讨会结束后，毛泽东从北戴河返回北京，并在 9 月 3 日相继做出两个重要决定：一是宣布领海线的设定；二是停止对金门岛的炮击行动，为期三天。

这两张"牌"一起打出，在关键时刻突然停止炮击，这个行动出乎意料且意味深长。确立 12 海里领海线，是一项事关国家和民族根本利益的重大政策。毛泽东选择在炮战之际公布这个政策是经过深思熟虑的，目的是向世界表明，目前发生在中国领海线以内的战事完全属于中国的内政，外国无权干涉。

事实证明，根据我国具体情况，我们提出的这一领海线，既没有影响到其他国家的经济利益，又保护了我国近海的海洋资源。这一范围也处于我国军事力量有效控制之内。

当时，我国海军实力相对较弱，可是海岸火炮的有效射程超过了 12 海里（22 千米），岸炮的火力能够确保对进入这一领海范围内的外国舰船造成有力打击。提出领海线声明的日期选择在炮击金门的高潮时刻，正是为了昭示，任何藐视中国领海线的人都要准备承受炮击金门一样的后果。

正如毛泽东所预见的，中华人民共和国首次宣布中国领海线的这招棋，在国际社会上引起了相当大的反响。中国政府的声明发表后仅几小时，美国政府发言人宣称："根据国际法,领海界线为 3 海里,遵守此界线的国家没有义务接受更大范围的主张。"英国外交部发言人也声称:"众所周知,英国政府不承认超过 3 海里的领海。"同日,日本外务省也发表声明称:"日本政府认为目前的 3 海里限度是国际承认的唯一领海范围。"当时,西方国家及日本口头上表示反对立场,这是可以预料的,但实际行动上它们并没有表现出激烈的反应。事实上,英国的舰船在香港等地基本上遵守了这一领海线的规定,日本船只也不敢随意进入中国的领海线。美国在行动中也注意避免越过这条领海线。

我国在炮击金门过程中提出了 12 海里领海线,事实上得到了世界各国的认可,是中国在政治上、军事上、外交上的一大成就。通过强势、主动的出击,映射出了国际舞台对新中国国防力量的尊重。

三、核潜艇,一万年也要搞出来

1958 年 5 月 27 日至 7 月 22 日,中央军委召开扩大会议,对新中国成立八年以来的工作进行总结,并针对当前形势讨论国防建设问题。当时,人民海军的领导同志积极主张加强海军建设。会上,刘道生将军作为海军副司令员发言,提出了一个重要的战略规划:经过 10 到 15 年的时间,海军逐步发展舰船规模达到××万吨,在面对外来侵略时,利用海军力量在海岸和岛屿附近痛击敌人,并将其消灭;平时则利用海军保障和支持国家开发利用海洋资源,并计划将来拓展到南极地区。这一主张既考虑到实际可能,又顾及未来发展的需要,真实地反映了海军广大指战员的愿望,也符合全中华民族长久以来的期盼。

6 月 21 日,毛泽东出席了会议。他说:"我还是希望搞一点海军,空军搞得强一点。还有那个原子弹,听说就这么大一个东西。没有那个东西,人家就说你不算数。"毛泽东进一步补充道:"我是始终主张建立一支强大海军的,但要随着国民经济的发展而发展。刘道生的发言,可能急了点,但要保护他的积极性,他主张的数字并不大嘛。打个比方,蒋介石的海军像个蚊子,风一吹就吹跑了,我们要建设强大海军。"毛泽东接着表示:"我们除了继续加强陆军和空军的建设外,必须大搞造船工业,大量造船,建立'海上铁路',以便在今后若干年内建立强大的海上战斗力量。"

次日,毛泽东亲自召集了中央军委扩大会小组长会议,与大家一同研究和讨论。他积极参与,并频繁发表自己的意见。当时担任海军副政委的苏振华特别希望毛泽东对海军工作给予更多指导。果然,毛泽东微笑着说:"海军提出保卫海防,不让敌人上岸。中国海岸线一万几千公里,都不让上岸,是不是能够办到? 可不可以考虑一下,一万公里不让上,有几千公里让他上;上来后好捉活的,不让跑掉。完全不让上,我看靠不住。就是有些地方准备好了让他上来,把他困住,消灭掉。这是不是也是一种打法呢?"苏振华领悟到毛泽东讲的是一个重要的战略建设方针问题,即要从实际情况出发,采取积极的防御态势,而不是分兵守口。苏振华深知,在清朝末年,西方帝国主义从海上入侵时,中国的分兵守口防御策略是一个重要的失败因素。苏振华继续发言:"我们现在如果要出国访问,连一条像样的军舰也没有。将来自己可以造军舰了,太平洋的局势就要改观。"

一些元帅、将军都兴致勃勃地发表了讲话,热烈地支持建设强大的海军。毛泽东等人讨论了一段时间后,表达了这样的观点:"军队,特别是海军、空军,现在要赶快抓技术、抓设计、抓科学研究。现在不搞,将来就来不及,赶不上了。5年,10年以后,还可以设想一些新问题。"

在 1958 年 5 月的中央军委扩大会议前几天,5 月 14 日,苏振华与海军司令员萧劲光和副司令员罗舜初一同向中央军委递交报告,表明在现代条件下,我国海军应以火箭和导弹为主要武器。此外,他们建议中央寻求苏联的海军新技术援助。报告针对海军新成立的研究所也已提出具体建议,包括发展军用核动力装置和研制导弹核潜艇。

在中苏之间,核潜艇合作项目是最为困难的谈判项目。1959 年国庆节期间,周恩来总理和聂荣臻副总理再次向赫鲁晓夫提出了核潜艇的技术援助问题。赫鲁晓夫含沙射影地回答:"核潜艇技术复杂,花钱太多,中国搞不了,苏联有了核潜艇,等于你们也有了。"

1959 年 2 月 4 日,中国政府代表苏振华与苏联政府签署了《关于在中国海军制造舰艇方面给予中华人民共和国技术援助的协定》(以下简称《协定》)。《协定》的谈判过程异常困难,苏联方面提出了一系列不公平的强制条件。当年 10 月,赫鲁晓夫访华,向中国摊牌:准备撤回援华专家。面对赫鲁晓夫的傲慢态度与刁难以及核潜艇工程遇到的困难,毛泽东斩钉截铁地说:"核潜艇,一万年也要搞出来。"

第二次世界大战的爆发让航空母舰、潜艇、自行火炮和新式飞机等军事装备开始崭露头角。航空母舰编队在海上变得越来越庞大,并成为远程攻击战斗群的核心。而潜艇则成为海面舰船和运输船只畏惧的对手,形成了无形的威慑力,尤其是在冷战期间。大型潜艇不仅时刻对海面舰船构成威胁,还能在水下攻击陆上城市。中国选择了潜艇作为军事发展方向,并且一开始就专注于发展核动力大型潜艇,对航空母舰则持有不同态度。在大力发展核潜艇多年后,我们为什么没有提出发展航空母舰的想法呢?主要是因为技术限制、经济困难和战略考量。中国在核潜艇建造方面展现出了强大的毅力,既不惧外部威胁,也没有认为相关技术难以攻克,而是全力以赴,为实现伟大领袖的强国梦而不懈努力。

四、新中国,新的海权战略思想

从对外抵御强敌入侵的努力,到通过学习外国的先进技术来为我所用,再到推翻帝制,追求建立共和国,我们为实现国家富强而不断努力。在革命中,我们通过学习革命理论;在变革中,我们逐渐领悟到变革的本质。我们明白了"不是器不如人,而是制不如人"。随着世界格局的变迁,俄国十月革命给中国带来了马克思主义。中国革命的实践使毛泽东明白了这样一条经验:批判性思维和革命行动永远无法替代实际的武器作用。因此,我们提出了"枪杆子里面出政权""星星之火,可以燎原"的口号。中国开始走上了一条符合自身发展需要、从小到大、从弱到强的道路。

这是一段至今需要我们认真思考和理性思考的革命实践。面对日寇的入侵,国民政府分崩离析,内部争斗不断,无力抵御侵略,只能不断地退让和妥协,寄希望于国际舆论,试图通过外交手段来解决问题,结果却适得其反。不仅家底被战火摧毁,中国的资源也被大量掠夺。

在中国共产党的领导下,人民军队经历了最为艰难的岁月,成功击败了来自外部的侵略者以及国内的反动势力,从而实现了新中国的建立。自那时起,中国人民站了起来。第二次世界大战的结束并没有给中国带来持久的和平,战后的全球局势继续将中国推向危机的边缘,再次面对世界上最强大的敌人。毛泽东以铿锵有力的语言回答道:"帝国主义和一切反动派都是纸老虎。"因此,"paper-tiger"成为英语中专用的词汇。

新中国成立后,我们面临着两大挑战。一方面,帝国主义施加了残酷的封锁,并在海上进行挑衅,我们必须守卫长达 1.8 万多千米的海岸线。另一方面,国民经济百废待兴,需要恢复和建设,人民生活急需改善。20 世纪 60 年代之前,我国富饶的沿海地区仍未得到充分开发,作为连接世界的桥梁和重要通道,打破封锁也成为当务之急。

在那个经济并不富裕的时期,中国人民勒紧腰带,共同努力,毅然决然地开始攻关"两弹一星",旨在从根本上争取主动,变得更强大。最终,罗布泊上空升起的核"蘑菇云",成功地打破了美帝国主义的核威胁。然而,将人民海军建设与国民经济建设相结合,与国家整体工业水平挂钩,这不是一次大会战就能够解决的问题。面对台海紧张局势,面对美国第七舰队进入台湾海峡,公然干涉中国内政,毛泽东通过炮轰金门,并庄严地发出了《中华人民共和国政府关于领海的声明》。面对强敌,中国再次表达了强者的立场。金门停止的炮声,仿佛无声中的霹雳,让整个世界静静观察未来,也向世界宣告:中国的海域从此有了明确的边界,中国的问题只能由中国人自己解决,列强对中国的操控已经成为过去。

当苏联撤回对华援助后,我们开始追求自力更生的道路。面对拥有战略机动能力的核潜艇,毛泽东"一万年也要造出核潜艇"的宣言激励着科研人员迎难而上。对于保卫中国海洋门户的人民海军,毛泽东表示:"我们一定要建立强大海军,要把我国海岸线筑成海上长城。这样帝国主义就不敢欺负我们了。""现在太平洋还不太平。帝国主义如此欺负我们,这是需要认真对付的。"这些言论构成了毛泽东最初对中国海洋事业战略的核心思考。面对当时的现实情况,中国首要任务是建立一支强大的人民海军,因为没有近海防御,我们无法守住漫长的中国海岸线。此外,毛泽东还有一个宏伟的设想,即中华人民共和国需要建立起一道"蓝色的海上长城"。

然而,要构建一支强大的人民海军,不同于打败蒋介石,不同于推翻"三座大山",我们需要更多地了解我们这片蔚蓝色的国土,需要更多地依靠科学进步,还需要学习那些我们不太熟悉的学科领域知识。旧中国的海洋科学基础非常薄弱,甚至可以说是一片空白,因此我们对于我们这片蔚蓝色的国土的了解非常有限,因此我们迫切需要向苏联、向西方世界学习科学知识。我们不能自满于以往的胜利,而是要在国家建设的实践中不断学习进步。

第二节　出击海洋和远洋调查探索海洋

冷眼向洋看世界。

——毛泽东

新中国建立初期,面临帝国主义的封锁、包围和战争威胁。国内反动势力也企图煽动动乱。随着中苏关系的恶化和破裂,北部的中苏边境出现了紧张局势。在西侧，印度政府持续侵占中国领土，在中印边界的东西两端同时对中国发动武装挑衅。国民党武装特务也不甘寂寞，不断骚扰我国东南沿海地区。盘踞台湾的国民党集团企图利用大陆的困难，威胁要建立反攻大陆的"游击走廊"。所有这些严峻的现实，使得中国领导人不得不再次把国家安全放在非常重要的位置来考虑，高度重视国防建设和备战工作。

在1964年5月至6月的中央工作会议上，毛泽东将国防置于与农业同等重要的地位。他从认识到新的世界战争的严重威胁出发，提出在具备原子弹的战争环境下，没有强大、稳固的后方就无法进行持久战。因此，他提出了将全国划分为一线、二线、三线的战略布局，并决心加强三线建设。基于对形势的基本评估，位于一线前沿的海洋和沿海地区被认为是在战争爆发后可能首先遭受攻击的防线，在这里，防御战的作用显得尤为重要，海洋开发则相对退居次要地位。

一、"跃进"轮，出师未捷身先死

新中国的经济在20世纪60年代初面临了严峻的挑战，而就在这个关键的时候，发生了一起出乎意料的事件，彻底改变了中国海洋的局势。

在1963年5月1日的清晨，中央人民广播电台传来了一个消息。新中国的第一艘万吨级远洋货轮"跃进"号于4月30日下午从青岛出发，首航日本的门司和名古屋。这是中日航线开辟的一条重要新闻。"跃进"号货船的全长为169.9米，载重量为15930吨，能够在冰冻地区破冰航行，并在途中不补充燃料的情况下直达世界上任何一个主要港口。当时的中国还没有正式建立远洋运输公司，中、日之间也尚未建立外交关系，商业往来主要是民间贸易，"跃进"号肩负着开辟中日航线的重大任务。此时此刻，"跃进"号的首次远航，对于正在经历艰难斗争的中国人民来说，无疑是一个巨大的鼓舞。

在5月1日下午1点55分，当时"跃进"号抵达了位于韩国济州岛以南大约80海里的苏岩礁海域。突然，船上的人发出了一条电文，内容是"我轮受击，损伤严重"。然后，与之相关的通信被中断了。接下来，"跃进"号在海面上完全消失了。

是被击沉还是自沉？被日本渔民救起的船员陆续回到国内，这些亲历者坚信"跃进"号是被鱼雷击沉的，大副甚至还目睹三名美国士兵在潜艇上开怀大笑。然而，接下来，美国却发布声明，否认美国潜艇对中国货轮进行攻击。而蒋介石集团在台湾也发表了声明，韩国和苏联都声称与"跃进"号沉没无关。

这背后，到底有什么隐情呢？

1963 年 5 月 18 日早上 9 点，在东海舰队司令员陶勇和政委刘浩天带领下，30 艘舰艇组成的海军编队离开了上海吴淞口码头。这是人民海军首次执行规模庞大的远航公海任务。为确保一切顺利，海军参谋长张学思和副参谋长傅继泽也亲自登上指挥舰"成都"号一同出海。5 月 19 日早上 8 点，海军编队穿越浓雾，到达预定的海域。

当调查作业编队进入作业海区后，几乎同时有美国第七舰队和苏联太平洋舰队抵达。每天几乎都有美国军用飞机在人民海军编队上空飞行，有时甚至一天多次。我们的战士能清楚地看到敌方飞行员的面容和肤色，感到非常愤怒。

在 5 月 29 日，潜水员最终下潜到海底找到了"跃进"号，发现了 3 处破洞和 5 处凹陷，这些破损呈现长条的形状，在船体的三段合拢处，有三条大焊缝完好无损，证实该船的建造质量没有问题。随后，调查作业编队对沉船海域的苏岩礁进行了为期 4 天的探摸，共有 10 人次参与。终于，在西南方向处发现了一块长约 3.5 米、宽度不到 1 米的岩礁，上面有明显的碰撞痕迹，潜水员还找到了粘有红色漆皮的礁石。

现场调查结果表明，"跃进"号船驶入公海后，海况平静。然而，就在这看似平静的航道中，隐藏着无法预料的危险。在预定的航海图上，明确标注着要在距离苏岩礁 15 海里的位置进行转向。然而，在风力和海流的影响下，"跃进"号逐渐偏离了原定航线，船长和大副均无法准确确定自己所处的位置。就在大家以为仍然离苏岩礁 15 海里之外时，实际上这块水下礁岩已经悄然出现在船底之下。受到礁石的致命一击后，船只开始缓慢倾斜下沉，在接下来的两个多小时里最终沉入海底。新华社发布了一份电报，内容是经过详尽调查确认了"跃进"号是因为触礁而沉没的事实。潜伏着的紧急局势在一瞬间解决了。海军编队于 6 月 2 日撤离了作业区。

征服海洋，对于近代有志之士来说一直是一个心愿，但是英勇的浪漫情怀并不能取代科学的理性思维。在那个时候，中国甚至都没有一张精确的国际海图。而在"跃进"号所携带的航海图上，苏岩礁只是一个用虚线标示的模糊位置，并没有明确标注水深。半个世纪前发生的这一事件，从现在的角度来看或许难以置信，但在当时却是不可否认的事实。当"跃进"号沉没后，引发了许多人的深思："作为一个临海大国，中国对于本国近海的潮汐、波浪、海流、水温和水深等基本水文资料的掌握程度远远不如外国人掌握的多，所以在远洋水文资料上的缺乏也就不足为奇了。"

■ 二、国家安全：东线战事渐缓和

在 20 世纪 60 年代初期，国民党当局退守到台湾后，频繁派遣特务前往祖国大陆窃取情报。他们还派出军舰袭击东南沿海，破坏渔业生产，制造紧张气氛。随着连续遭受打击，到了 60 年代中期，他们改用中型以上的军舰在海上进行破坏窜扰。崇武东临台湾海峡，也是一个著名的渔业产区，因此成为了国民党海军袭击的重点区域。当时，位于崇武北侧的乌丘屿也被国民党控制。

崇武以东海战发生于 1965 年 11 月 13 日的夜晚至 14 日的清晨。中国人民解放军海军东海舰队的一支部队与国民党海军在福建省惠安县崇武以东海域展开了一次激烈的海战。这场战斗是人民海军与国民党海军在 1965 年进行的第三次海战，也是人民海军"小艇打大舰"的一次成功典范。

当时，福建海域停泊的美国海军和国民党海军舰艇共有六艘。在东引岛停靠着一艘国民党海军的"太湖"号护卫舰和一艘"柳江"号猎潜艇。在金门岛料罗湾锚地停靠着一艘"维源"号猎潜舰和一艘"珠江"号猎潜艇。美国海军第七舰队的驱逐舰"马松"号和"奥勃来恩"号则在东山岛正南和以东的海域巡逻。

11 月 13 日，东海舰队接到通报，称"永泰"号将从澎湖出发前往乌丘屿，而福州军区也通报称"永昌"号将与"永泰"号一同从澎湖启航。台湾海峡的敌情非常复杂，因此东海舰队参战部队只能采用"突袭快战"的战术方式。基于这些通报，东海舰队指挥员决定选择乌丘屿南部附近海域作为作战海区，并组建了由驻泊平潭岛海坛港的快艇第 31 大队组成的突击编队。

经过 2 个小时，东海舰队和福州军区相继证实两艘舰艇将一起航行至乌丘屿，作战任务也由打击单舰变为打击双舰编队。接到消息后，海军福建基地决定派出一支突击编队，将参战部队分为 3 个战术突击群。为了保护作战部队的侧翼安全，防止金门敌舰的援助，派遣 4 艘护卫艇前往崇武东南处进行警戒和海上救援。同时，派遣 3 艘护卫艇到西洋岛以东海域进行佯动，以牵制东引岛的敌舰。海上编队于 22 时 10 分抵达东月屿，驶向预定的战斗海域。与此同时，解放军总参谋部已经批准了针对国民党军舰的打击行动计划，并转达了周恩来总理的指示："要抓住战机，集中兵力先打一条；要近战，发扬英勇顽强的战斗作风；组织准备工作要周密一些，不要打到自己；天亮前撤出战斗。"这些指示给予了参战部队极大的鼓舞。

两支主力大队接到了战斗任务，官兵们士气高昂，积极渴望投入战斗。当全体参战人员得知半夜时分周恩来亲临总参谋部作战室坐镇指挥，大家都深感感动。在 13 日的 23 时 14 分，发现了 2 艘国民党军舰正在向乌丘屿航行。指挥员下定决心，要从两艘国民党军舰的中间穿插进攻。第一突击群的 4 艘艇进攻"永泰"号，第二突击群的 2 艘艇牵制"永昌"号。23 时 33 分，战斗开始了。与原先计划不同，6 艘艇集中火力攻击了"永泰"号，然后转移火力攻击了"永昌"号。在激烈的炮战中，"永泰"号逃往了乌丘屿，"永昌"号则继续南逃。

鱼雷艇群的指挥员立即做出决策，第一和第三组各派出 4 艘艇，向"永昌"号靠近，进行强攻。第三组向敌舰发射了两颗鱼雷，其中一颗命中了敌舰的尾部，使其立即失去了机动能力，这成为整个战局的转折点。护卫艇群的指挥员下令两艇迅速加速，以左梯队的形式接近目标，两艇同时密集开火。与此同时，艇上发射的两发炮弹命中"永昌"号，后者向左倾翻，迅速沉没。而"永泰"号舰逃至乌丘屿后，借助岛上的炮火掩护，多次向战区东海舰队的海上编队射击，试图支援"永昌"号。乌丘屿上的国民党驻军也向战区海域射击。整场海战历时一个多小时，"永昌"号沉没，"永泰"号被击伤。这是继"八六"海战胜利之后，人民海军再次取得了一次重大胜利。此前国民党海军已多次败绩，这暴露出当时国民党海军在作战准备和协调方面存在许多问题，这给了蒋介石"反攻大陆"的决心以沉重打击。接着，在崇武以东海战中再次失利，国民党海军试图完全控制台湾海峡制海权的努力逐渐失败。崇武以东海战之后，年事已高的蒋介石觉得"反攻大陆"的计划渐渐变得渺茫，他不得不对战略安排做出重大调整。从那时起的几年里，"国光计划"逐渐缩减，最终在 1972 年中止。这次海战以后，大陆与台湾的关系从剑拔弩张、刀枪相见，逐步开始走向缓和。

三、西沙海战，四十年再无战端

20 世纪 70 年代，全球开始出现了"海洋圈地"现象。1974 年，西沙海战再次引发了中国人对海洋的关注和记忆。西沙群岛分为东部宣德群岛和西部永乐群岛，而永乐群岛则由金银岛、珊瑚岛、甘泉岛、广金岛、琛航岛及晋卿岛等多个岛礁组成。

在 20 世纪 50 年代，南越声称对西沙群岛拥有主权。在 1956 年，他们出兵占领了西沙永乐群岛中的甘泉岛，并在 1958 年占领了琛航岛。中华人民共和国在 1958 年 9 月 4 日重申，西沙群岛是中国的固有领土，随后，在 1959 年成立了海南省西沙群岛、南沙群岛、中沙群岛办事处。南越军队曾经从甘泉岛、琛航岛、金银岛三岛撤走，但仍然占据着珊瑚岛。因此，双方在西沙海域进行了长达十几年的武装对峙。尼克松访华后的 1972 年,美国开始加快从越南抽身的进程。至 1973 年 1 月,美国开始从越南撤军。为了阻止美国的撤军计划,南越政权进行了一次军事行动,但中国海军迅速做出了反应,并以弱胜强,取得了惊人的战果。

随着美军的撤离,南越政府接管了包括军舰在内的剩余军事装备。南越政府认为,珍宝岛之战后,苏联在中国北方边境陈兵百万,中苏之间存在军事对峙态势,因此中国北方面临巨大压力,难以同时照顾南北。与此同时,中国国内的"文化大革命"尚未结束,南海舰队的装备薄弱。因此,南越政府妄图利用海军实力,以武力强占西沙群岛,并形成了实际控制的局面。面对南越的逐步威逼,中国方面派遣武装渔民(基干民兵)坚持在永乐群岛从事传统的渔业生产。

就军事方面而言,双方的舰艇实力完全不对等。中方拥有的舰艇包括 2 艘排水量 320 吨的猎潜艇,2 艘排水量 375 吨的猎潜艇以及 2 艘排水量 570 吨的扫雷舰,共计 6 艘。而南越方面则拥有"陈平重"号和"李常杰"号两艘排水量为 2040 吨的驱逐舰,以及排水量为 1253 吨的驱逐舰"陈庆瑜"号,以及一艘排水量为 650 吨的"怒涛"号护卫舰,共计 4 艘舰艇。

1974 年 1 月 11 日,南越当局竟然宣布一份地图,将西沙群岛全部划归他们的版图,还指责中国侵占了他们的宣德群岛。中国外交部立即发表声明,再次重申南沙群岛、西沙群岛、中沙群岛、东沙群岛是中国领土的一部分,中华人民共和国对这些岛屿拥有无可争议的主权。南越当局无视中国政府的警告,于 1 月 15 日至 18 日悍然派遣上述的四舰相继侵入西沙永乐群岛海域,挑衅中国南海渔业公司在此从事生产的两艘渔轮,并向甘泉岛开炮,导致多名中国渔民和民兵死伤,接着又相继占领了金银岛和甘泉岛。周恩来总理立即与中央军委副主席叶剑英商讨应对之策,在毛泽东主席批准后,决定采取军事措施,保护西沙,确保每一寸中国领土不受侵犯。1974 年 1 月 17 日,中央军委下令中国人民解放军海军南海舰队立即派遣舰艇,前往西沙永乐群岛海域,并同时命令海南军区派遣民兵,随同海军舰艇进驻西沙永乐群岛的晋卿、琛航、广金三岛。

西沙保卫战在 1 月 19 日爆发,南越舰队的第一声炮响拉开了战斗序幕。由于南越具有装备优势,他们希望迅速解决战斗。当时,南越海军发现中国海军只有 4 艘小艇,于是立即分兵应对,准备进行战斗。战斗之初,"陈平重"号和"陈庆瑜"号在金银岛和羚羊礁以南的外海向琛航和广金两岛接近。随后,

"怒涛"号和"李常杰"号从广金岛西北方向接近中国舰艇。中国舰船接到命令，两艘扫雷舰前往拦截敌方的"李常杰"号和"怒涛"号。同时，两艘猎潜艇监视"陈庆瑜"号和"陈平重"号。当日早晨，数十名南越士兵在广金岛实施登陆，向岛上的中国军民开枪射击。岛上的中国军民立即奋起反击，迫使敌人撤回舰艇。南越海军倚仗其舰艇坚固、火力强大的优势，转而对中国舰队发动攻击。南越的"李常杰"号以全速冲向中国的"396"号编队。我们海军上级向前线要求：坚持先礼后兵、后发制人的战略方针，我们全体军士不会在任何情况下率先开火。10时23分，"陈平重"号冲向中国的"274"号，并率先对"274"号的驾驶舱开炮，中国舰艇立即还击。至此，海战正式爆发。

这场海战共有两组舰船对决。面对这样的局势，南越军舰试图拉开与中国舰艇的距离，以利用其远程火炮的力量。然而，中国海军舰艇紧紧缠住敌舰，全速前进，毫不放松，不断追击，导致敌舰甲板多处起火、通信中断、军旗落海，并迫使其在浓烟中艰难逃窜。

11时49分，第74大队的"281"号和"282"号两艘舰船抵达了西沙群岛宣德群岛的永兴岛附近，并且在那里等待指令，准备进入战场。南越舰队错误地认为这是增援部队的到来，随即仓皇逃离。然而，由于"怒涛"号的航速较慢，并且受到了损伤，无法跟上其余三舰，最终被我军击沉。

在西沙海战中，中国海军取得了全面胜利，掌握了西沙群岛的制海权。中共中央军委决定利用这个时机，收复岛屿，彻底解决西沙问题，迅速收复了被南越占领的甘泉岛、珊瑚岛与金银岛。南越当局不甘失败，派出多艘军舰增援，并命令该地区的海陆空三军全部参战。其间，南越方面曾请求美国海军第七舰队干预，但遭到拒绝。中央军委决定紧急调派东海舰队的三艘导弹护卫舰南下，穿过台湾海峡后直奔南海，支援南海舰队。南越当局见到局势对自己不利，于是做出了"应避免与中国再次交战"的决定。

在西沙海战中，中国人民解放军海军南海舰队成功击沉了南越海军军舰一艘，击伤了三艘，并夺回了被南越军队侵占的永乐群岛中的三个岛屿。这次战斗的胜利沉重打击了南越当局的扩张行动，同时也维护了我国在该地区的领土主权。战后，中国成功夺回了对整个西沙群岛及其周边海域的控制权。

控制、开发和利用海洋，是为了通过海洋与世界进行交流，以确保自身的生存和发展。中国应该成为一个海洋强国，这是中国最为紧迫的历史问题。毛泽东深知海洋是人类居住星球的重要组成部分，蔚蓝的海洋是人类生命演进的主题。从毛泽东的诗句中，我们可以感受到他肯定预见到世界上最大的海洋——太平洋将成为当代文明发展的重要舞台。中国是一个位于亚太地区和太平洋沿岸的大国,新中国成立初期,海洋权益战略的首要目标是巩固新生的人民政权。毛泽东意识到,新中国的国家战略必须与中国的实际国情密切结合,因此当务之急是巩固初创的人民政权。考虑到中国近代以来遭受的海上威胁,毛泽东将海洋防御纳入国家安全范畴,将防御外部侵犯上升为重要任务。正是这一战略思想的引领,为新中国的海洋权益战略奠定了基础。

思 考 题

1.试梳理毛泽东海防战略思想与新中国人民海军建设历程。

2.被 81 岁的毛泽东评价为不打不足维海权的西沙保卫战具有什么重要意义?

第八章

改革开放后的海洋开发和海权新发展

1982 年 1 月 14 日，胡耀邦在中央书记处会议上就对外经济关系问题发表意见：我国的社会主义现代化建设，要利用两种资源——国内资源和国外资源；要打开两个市场——国内市场和国外市场；要学会两套本领——组织国内建设的本领和发展对外经济关系的本领。中共中央指出了对外经济发展的重要性。随后，一个新的名词被提出，即"沿海地区经济发展战略"。这个战略主要基于沿海地区的临海优势，通过利用海洋资源开展经济贸易。中国沿海的开放和发展还没有达到实现中国海权战略的程度，只是对海权战略思想的初步探索实践。

在改革开放战略指导下，海洋科考更深入地发展，不仅在管辖海域考察，还向南极等地区进军，探索潜在资源。海洋门户打开后，中国渔船也走向远洋，1985 年第一艘远洋渔船开往西非。同时，海洋养殖业也得到了快速发展。中国的海洋资源开发也取得了初步成果：油气产量逐年增加；能源和海水利用技术都取得了突破性的进展；新兴的滨海旅游业也逐渐崭露头角。

20 世纪 80 年代，中国才开始真正了解海权。此前，中国人对海洋的本质理解不够。当海底石油之争、海洋渔业资源之争、海岛争端接踵而至时，中国人终于觉醒，并燃起了对海权的热情。中国人的海权意识已被唤醒，一个新的"太平洋世纪"正在孕育、成长和发展。

第一节　韬光养晦谋权益和远洋科考

我们的战略是近海作战，大家以为近海就是边沿，近海就是太平洋北部，再南也不去，不到印度洋，不到地中海，不到大西洋。

——邓小平

20世纪70年代,随着科技的迅猛发展,世界各大国的经济以前所未有的速度发展。相较之下,我国经济和科技实力明显滞后,并呈现出差距拉大的趋势。国际竞争的压力突然增大,激起了国内强烈的危机感和紧迫感。改革开放成为我们唯一的出路,必须赶上时代前进的浪潮。中国实施沿海开放战略,不仅带动了经济的发展,更使中国人民对现代化产生了更加清晰的认识。

深圳和其他14个沿海开放城市的崛起,是因为利用地理优势走向海洋、走向世界,融入世界的政治经济浪潮中。沿海地区的全面开发标志着中国彻底抛弃了传统思维模式,彻底打开了封闭和半封闭的大门。中国人民在海岸边漫游了几千年,终于在改革开放后实现了一次理性的飞跃,产生了前所未有的利用海洋资源、参与国际竞争的雄心壮志。中国以近百年的时间,实现了从以海为屏障到经略海洋使国家繁荣富裕的转变。中国的和平崛起让国人深刻意识到,海洋与中华民族的生存与兴衰关系紧密。中国人和外国人同样享有使用这片蓝色区域的权利,也承担着保护海洋资源以促进人类生存和发展的同等义务。

一、开放沿海城市,打开扇窗看世界

在邓小平的倡导下,我们决定开放更多的沿海城市,这是对外开放战略的又一项重要决策。1984年2月,邓小平提出:"除现在的特区之外,可以考虑再开放几个港口城市,如大连、青岛。这些地方不叫特区,但可以实行特区的某些政策。"这一决策是为了进一步推动国家的经济发展和对外交流,促进沿海城市的繁荣。同年,中共中央书记处和国务院联合召开了一场座谈会,提出了进一步开放沿海港口城市的建议。这些城市包括大连、秦皇岛、天津、烟台、青岛、连云港、南通、上海、宁波、温州、福州、广州、湛江和北海,总共14个城市。建议扩大这些城市的开放权限,例如放宽对外资建设项目的审批权限,增加外汇使用额度和外汇贷款,以及给予"三资"企业在税收、外汇管理方面的优惠待遇。同时,还提议逐步设立经济技术开发区等。座谈会的结果形成了一份名为《沿海部分城市座谈会纪要》的文件。该座谈会纪要在同年5月得到了中共中央和国务院的批转。其目的是通过这些交通便利、基础良好、技术和管理水平较高的港口城市,展开对外经济技术合作,积极吸引外资,吸收先进技术和管理方法,加速这些城市经济的发展,并借助它们来推动内地经济的发展。这14个开放城市联合沿海经济开放区、经济特区以及上海浦东新区,形成了我国沿海自南到北的对外开放前沿地带。

我国形成对外开放新格局的过程可以被划分为四个阶段。

第一步是建立经济特区。1979 年 7 月,党中央、国务院根据广东、福建两省靠近港澳、侨胞众多、资源丰富以及便于吸引外资等有利条件,决定对这两个省的对外经济活动实行特殊政策和灵活措施,给予地方更多的自主权,使其发挥优势,率先发展经济。1980 年 5 月,中央确定在深圳市、珠海市、汕头市、厦门市的特定区域内试行经济特区政策。1983 年 4 月,决定对海南岛也实行经济特区的优惠政策。1988 年,海南省成立,海南岛成为我国最大的经济特区。邓小平评价经济特区"是个窗口,是技术的窗口,管理的窗口,知识的窗口,也是对外政策的窗口"。

第二步是启动沿海港口城市的开放。1984 年 5 月,中共中央、国务院决定全部开放沿海 14 个大中港口城市。这些城市从北到南包括:大连、秦皇岛、天津、烟台、青岛、连云港、南通、上海、宁波、温州、福州、广州、湛江和北海。1990 年,国务院正式宣布了开发浦东的重大决策,将上海打造成为国际金融、贸易和经济中心。沿海开放城市是国内经济与世界经济的结合点,它是对外开展经济贸易活动和对内进行经济改革两个方面的交汇点,对全国改革开放形势的发展产生直接影响。

第三步是创建沿海经济开放区。1985 年 2 月,国家划定了长江三角洲、珠江三角洲和闽南厦漳泉三角地区作为沿海经济开放区,并指出这是我国实施对内激活经济和对外开放的重要战略布局。1988 年初,又决定将辽东半岛和山东半岛全部对外开放,并与已经开放的大连、秦皇岛、天津、烟台、青岛等地相连,形成环渤海开放区,提出在这些经济开放区域形成贸易、工业、农业的一体化生产结构。

第四步是要开放长江沿岸、内陆和沿边城市。1992 年,中共中央和国务院决定将 5 个长江沿岸城市,13 个东北、西南和西北地区的边境市县,以及 11 个内陆省会(首府)城市纳入沿海开放城市政策实行的范围,以此扩大对外开放的地域范围,形成多层次、多渠道、全方位的开放格局,并加快内陆省份和自治区的对外开放进程。

实施对外开放是总结国内外历史经验的必然要求,是社会化大规模生产和经济活动国际化的客观要求,也是发展社会主义市场经济的内在要求,并且是实现社会主义现代化不可或缺的条件。数据显示,1985 年,14 个位于沿海的开放城市,工业总产值达到 2015.8 亿元,占全国工业总产值的 21.8%,利税达到 333 亿元。沿海港口货物吞吐量为 31920 万吨,铁路货运量为 11795 万吨,公路货运量为 54392 万吨。这些城市经济的发展依靠丰富的原料来源和广大的市场需求,以及有保障的劳动力供给。此外,它们还有着出口产品的基础。只要扩大这些城市的自主权,并给予外商一些优惠条件,就可以利用它们作为中国对外经济的窗口,深化内外经济技术交流的中心地位。通过吸引外资并与国内企业合作,这些城市将为社会主义现代化建设作出更加突出的贡献。

在改革开放之前,中国存在着一个非常突出的问题,那就是国家整体的贫穷。打开了大门,社会保持了稳定,经济实现了发展。1971 年,中国恢复了在联合国的合法地位。1972 年,中国和日本建立了外交关系。1979 年 1 月 1日,中美两国正式建立大使级外交关系。中美建交是中国与西方关系突破的标志性大事,为改革开放提供了合适的外部环境。因此,改革开放正是促进人民物质和精神需求不断提高的一剂方子。一方面,说明了改革开放的必要性;另一方面,也说明了新中国成立后的 30 年间,中国面对以美帝国主义为首的重重封锁,在各个领域取得了非常辉煌的成就,即使是毛泽东的老对手也不能无视这个东方大国的存在。中国改革开放的总设计师鼓励人们采用更加灵活的方法解决社会发展中的实际问题,这样的大国除了富裕问题外,还面临着其他同样重要的问题,包括民族团结、社会稳定、国防安全、外交与国际地位等。改革开放,向外拓展,打开中国的发展空间,是不同于西方模式的现代化道路。

■ 二、跨越千里的测量船,南极科考长城站

20 世纪 80 年代,中国在海洋领域做了两项具有世界影响力的重大事件。一是成功发射了首枚远程运载火箭,海上测量船在距离陆地国土数千千米的海洋上完成了对这枚飞向太平洋的火箭进行的历史性的测量任务。二是中国第一次组织南极科考,建立了位于南极的科学考察基地"长城站"。这两项重大事件,让国内再度掀起了海权热。

从 1980 年 5 月 12 日到 6 月 10 日,中国在一个以南纬 7°0′、东经 171°33′为中心,半径为 70 海里的太平洋圆形海域上,进行了一次公海上的运载火箭试验。中国海军特混舰队于 5 月 12 日从上海出发,前往既定的海域。特派舰队横跨了 50 个经度差,4 个时区,穿越了南北近 40 个纬度,最终到达了位于南太平洋斐济西北 700 千米处的目的地,等待执行一项特殊任务。新成立的"远望"号船队在南太平洋进行了首次重要数据的测量工作,结束了中国无法在国外进行航天测量的历史,实现了航天测控网从陆地延伸至大洋,并成为继

美国、苏联和法国之后,具备海上跟踪测量能力的第四个国家。5月18日,一个橘红色的火球滚落而来,在空中留下了一条长长的白色尾烟,然后精确地降落在预定的海域。一个红白相间的降落伞携带数据舱,也缓缓飘落到海面上,一切都如预定进行。

海面上,待命的四架人民海军的直升机从舰艇上起飞,在空中巡视时发现了这个数据舱。为了将数据舱安全打捞上来,潜水员迅速下水,并成功将数据舱捞起,随后飞机安全着陆,整个过程按照事先预定的程序进行。中国人民在5月19日清晨迎来了一则振奋人心的消息,即中国成功向太平洋海域发射了第一枚运载火箭。这一消息迅速传播到五大洲,激起了全世界华人的热情。可以说,在某种程度上,这次远洋发射试验可与中国的首次核武器试验、人造卫星成功发射相媲美。中国海军与运载火箭的协同作战不仅展示了国家的综合实力,也彰显了中华民族的尊严。更重要的是,这为中国正当拥有的海权增添了一把有分量的筹码。

1982年10月,我国再次成功进行了一次重要的试验,那就是利用潜艇在水下发射运载火箭。这次试验的成功使得中国成为世界上第五个具备水下发射战略导弹能力的国家,这是一个重要的里程碑,标志着中国在运载火箭技术方面达到了一个新的高度,显著提升了人民解放军在未来反侵略战争中的作战能力。我国再次强调:中国发展核武器完全出于自卫需要。中国在核试验问题上一直持有非常谨慎的态度。自中国拥有核武器起,就率先向全世界宣布,并再次声明:中国永远不会在任何情况下首先使用核武器。中国还无条件地保证不对无核国家或无核地区使用或威胁使用核武器。中国是唯一作出这一承诺并严格遵守的核武器国家。中国从未在国外部署过核武器,也从未对其他国家使用或威胁使用核武器。

1984年,中国派遣一支考察队踏入南极,这成为另一项令人鼓舞的重大事件。世界大航海时代后,探险家们开始勇敢地踏上前往南极的未知旅程,一支支探险队相继进入这片神秘的大陆。由此,南极洲不再是被人们遗忘的世界,一些国家开始对其提出主权要求。英国、美国、法国、苏联、阿根廷、智利等国纷纷提出对南极的主权要求。特别是在南极发现了丰富的煤炭、石油、盐等资源后,各国之间的争夺变得激烈起来。

当时,打开南极洲的地图,上面密密麻麻地标注着由外国探险家命名的地名,背后是他们数不清的南极探险经历,但是一个中国人命名的地方都找不到。在中国的一些较大的图书馆里,几乎找不到关于南极的资料,即使偶尔发现一些,也大都是外国人的著作。到了 20 世纪后半叶,世界上十几个国家相继在南极建立了 100 多个科学考察站,开展热火朝天的科学考察活动。然而,拥有 10 多亿人口的大国中国,却依然被排除在外。

1984 年 11 月 22 日,中国南极科考队组队自上海宝山锚地启程,乘坐两艘万吨级大型船只——国家海洋局的"向阳红 10"号和人民海军的"J121"号远洋打捞救生船出发。12 月 30 日下午 3 时 16 分,考察队的 54 名成员乘坐两艘醒目的橘红色登陆艇,成功登上乔治王岛的菲尔德斯半岛,将一面鲜艳的五星红旗插在南极的土地上。中华民族终于实现了登上南极洲的愿望。中国的第一个科学考察站——长城站,为我国南极科考提供了一个前进的基地。后来,我国相继建成了更高纬度的中山站和深入南极大陆腹地的昆仑站,使得我国南极科考能够向更深、更广的领域发展。当时,长城站的第一批建站人员站在寒冷而荒凉的海滩上,迎着南极洲夏季飘落的雪花,他们围绕着长城站的基石,流下了激动的眼泪,这一刻对他们来说永远难忘。这个具有重大而深远意义的事件立即在全国引起了强烈的反响。

南极,过去对中国人来说是如此遥远,如此陌生。现在,中国已经深刻认识到,要实现现代化必须向海洋进军。我们不仅要开发沿海近海,还要进入深海大洋;不仅要维护国家的海洋权益,还要研究南北两极对世界海洋的影响。中国要在世界海洋舞台上拥有更多的发言权,要提出自己对世界海洋的主张。虽然中国尚未成为海洋强国,虽然中国人对海洋的认知还需要提高,但自 20 世纪 80 年代以来,中国的海权意识已经开始复兴,这是一个巨大的进步。

■ 三、远洋科学考察船,海洋喉舌话海洋

我国自主设计和建造的海洋调查船之一——"向阳红 09"号堪称一位出类拔萃的勇者,海洋调查船要为中国首次洲际导弹全程飞行试验选定海上靶场,同时提供试验海域和航线的环境保障。1964 年,中国第一颗原子弹爆炸成功。但是,拥有原子弹、缺乏运载工具,可谓"有炮弹却无炮",中国的战略防御能力未能真正实用化。为了打破核威慑,必须发展洲际导弹技术。

进行洲际导弹的发射,需要在远洋深海区域开辟试验场并避开国际航道,一艘海上机动性强、设备精良的远洋测量船必不可少,它必须具备完备的测量、跟踪和控制功能。这艘远洋测量船的建造将弥补陆地测控站距离不足的缺陷,填补陆地与海洋测量跟踪站之间的空白。

1965 年 8 月,我国提出建造两万吨级海上测量船的设想。建造如此巨大的测量船,绝不是将陆地上的测量设备直接安装到船上那么容易,既要考虑导弹测量精度,又要考虑船只不稳定摇摆的影响。在被封锁的背景下,我国科研人员除了几张国外类似照片,对此几乎一无所知。

1974 年 9 月,上海江南造船厂开始建造一艘海上测量船,铺下了第一块钢板。1980 年初,在 24 个省级行政区,35 个部委,1100 多个厂、所、院校的近万名研制人员的共同努力下,两艘综合性远洋测量船"远望 1"号和"远望 2"号成功问世。这完全是由中国人自己实现的!

这两艘船都有 9 层舱室,高大威武。甲板上的天线以不同姿态竖立着,各种特殊设备纵横交错。船上的供应充足,发电量足以满足一个中等城市 30 万人的生活用电需求,可以持续航行 100 个昼夜,连续航行 1.8 万海里,可以到达世界上任何一个大洋的港口。这两艘远洋测量船将为中国导弹发射提供测控服务。

1980 年 5 月,2 艘"远望"号航天测量船、2 艘"向阳红"号科学调查船、6 艘新型导弹驱逐舰、2 艘潜艇救援船以及 2 艘海军大马力远洋拖船等共 18 艘舰船驶向南太平洋预定海域,在那里完成了对"东风-5"洲际导弹的测量、打捞、护航和警戒等任务。继 5 月 18—19 日后,5 月 21 日,进行了第二次洲际导弹发射试验。这次行动打破了美国和苏联的军事垄断,对于维护我国改革开放的安定环境起到了不可估量的作用。

在我国海洋事业发展的历程中,1983 年 3 月 1 日是一个令人难忘的日子。这一天,《中华人民共和国海洋环境保护法》开始生效。国家海洋局的"中国海监"船首次亮相于社会,并在中国的领海进行首航。

隶属于国家海洋局的"曙光 05"号船将舷号更改为"中国海监 11"号。"中国海监 11"号船体呈乳白色,船首两侧书写着舷号。船舷上有四条天蓝色的斜线与中国的渤海、黄海、东海和南海相呼应。烟囱的两侧镶嵌着黄色边线的红色五角星,红色五角星的两侧各有四条宝蓝色的波浪线。1983 年 3 月 1 日,《青岛日报》刊登了一篇文章,介绍道:"为了让国内外船只更好地识别以及在海上执行任务,'中国海监 11'号执法船上具有了标志其使命的标识和船名。"

早上 10 点,"中国海监 11"号船起航离开码头,没有仪式,无人欢送。随着汽笛声响起,"中国海监 11"号船驶离母港,首次巡视黄渤海。随船出航的还有全国人大法工委等机构代表以及中央人民广播电台等媒体的新闻记者。中国终于迎来了依法治海的日子,这是一个令人长久期待的时刻。对于这一刻,中国人付出了漫长的等待。

与此同时,海洋事业也获得了一个独自发声的机构——《中国海洋报》,这是我国唯一一份专注海洋事业的行业权威报纸。1989 年 9 月 27 日,《中国海洋报》在北京正式开始发行。初创的《中国海洋报》并不是一帆风顺的。在相当长的一段时间里,面临着两个重大难题:一是采访对象和稿源的获取;二是报纸的发行。创建初期,创办人曾言:"海洋报是海洋事业的一个媒体阵地,无论面临多少困难,只要拥有了海洋报这个媒体平台,就能够拥有海洋事业的发言权和主导权。现在,中国海洋报的发展成果证实了这一说法,想象一下,如果二十年前没有创办这家报纸,今天中国的海洋事业能够拥有这么多的发言权和主导权吗?"

第二节　加快步伐求发展和开发利用海洋

我们一定要从战略的高度认识海洋,增强全民族的海洋观念。

——江泽民

1996 年 5 月 15 日,中国正式加入《联合国海洋法公约》。历史将永远记录这一天,中国海洋的未来也将永远铭记这一时刻。这象征着中国踏上了通往世界海洋的道路,中国海域正成为描绘未来的多彩调色板。

冷战结束之后,国际竞争更加激烈,大规模海上活动比以前更加频繁。各国加快海洋战略的制定,我国的海洋活动也显著增加,初步具备了发展蓝色经济的能力。作为后来者,我们也要争取海洋权益。在海洋法公约的基础上,倡导全球海洋命运共同体的理念,与更多国家建立蓝色伙伴关系。

1980 年,全国海洋经济产值仅为 80 亿元,占国内生产总值不到 2%。1990 年,增长至 438 亿元;1998 年达到了 3269.92 亿元,相较于 1990 年增长了6.5 倍。从 90 年代开始,海洋经济产值以每年 20% 以上的速度增长。海洋经济总值在国内生产总值中的比重逐年提高,海洋经济正成为我国新的经济增长点。我国沿海省市的陆地面积仅占全国的 13.4%,却有 40% 人口,创造全国 60% 以上的国民生产总值,主要得益于海洋资源的贡献。

一、海洋耕地红线何时现

中国的海洋之美在海岸线和近海区域最能得到直观的展现。对于海岸线来说,很少有人去关注它的存在意义和价值,然而海洋科学家却这样解释:海岸线是海洋和陆地相互作用的天然记录,它就像是陆地的自然皮肤,也是海洋发展的自然结局,更是人类和海洋之间相互作用的自然界面。海岸线还被视作地球赐予人类的独特自然遗产,是空气、水和陆地三者相交的独特自然生态现象,也是生物平衡的重要舞台。此外,海岸线还是人类进军海洋的前沿地带,它扮演着保护人类陆地家园的屏障角色,也是研究海洋、陆地、气候和生命相互作用的天然实验室。海岸线作为国家海洋主权和海洋权益的基准线,更是人类认识、感知、感悟和亲近海洋的起点。

20 世纪 80 年代,山东蓬莱仙阁西部海域发生了全国首例由于海滩采砂引发的海侵事件,其直接影响到了山东省蓬莱县登州镇的西庄村。西庄村的居民世代以渔农业为生,一直过着宁静祥和的生活。然而,在 1985 年,他们的平静生活突然发生了巨大的变化。他们发现,与他们隔海相望的长岛县,因建设需要,在村子对面的一个浅海沙滩挖掘沙子,导致沙滩的水深比自然状态增加了至少 5 米。而这种人为改变浅海沙滩和海岸环境的行为,加速了海岸线的侵蚀。

到 1990 年,仅仅几年时间内,海岸线向陆地一侧移动了 60 米,年平均移动距离超过 10 米,导致 2 千米长的海岸线受到海水侵蚀,海水摧毁了沿岸民房共计 24 间,冲毁了 1000 余米的公路,导致 20 公顷的良田、海水养殖场、育苗场和拆船厂等部分设施以及岸上的军用设施被废弃。这迫使西庄村的居民全部搬迁,离开了他们生活了多代的海岸线。西庄村的人深有体会:虽然挖砂发了财,却也毁了我们的家园。

在海洋中,除了常见的海带、紫菜、龙须菜和一些海草外,最引人注目的是生长在岸边、耐海水浸泡的红树和碱蓬草。红海滩是一个以碱蓬草为特色的地方,它位于中国辽宁省盘锦市的辽河三角洲,是一个国家级自然保护区。这片红海滩位于渤海边,面积超过 20 平方千米,是一个湿地苇丛茂密的区域,有丹顶鹤、黑嘴鸥等 200 多种鸟类在这里栖息繁衍。红海滩坐落在赵圈河乡的苇田湿地,这里拥有全球保存最完好、规模最大的湿地资源,背靠着世界上最大的芦苇荡。柔弱的碱蓬草是一种能够在盐碱土壤上生存的草本植物。除了吸引人的美丽色彩外,碱蓬草还是辽河"移山填海"的自然产物。当辽河携带的营养物质在入海口沉积,形成了适宜碱蓬草生长的广阔盐生滩涂。生长在此的碱蓬草以每年几十米的速度向海洋延伸,形成新的滩涂,旧的滩涂被碱蓬草所覆盖并固化。因此,盘锦红海滩是"活"的,一直追逐着海浪的痕迹。每年滩涂以 50 米的速度向海中延伸,红海滩则随之逐步前进,往海洋"走"去。在海洋中,各种海洋生物、海底礁石、珊瑚礁、红树林和滨海湿地构成了一个完备的生态系统,也构成了海洋美丽和谐的家园。

然而,一段时间内,中国海域的状况令人担忧,面临着严峻的挑战。当我们沿着海岸线行进时,随处可见热火朝天的开发景象。海洋工程、污水排放、油类污染、外来物种入侵等诸多不确定因素不断地对海洋生态环境产生着影响。在追求发展的背景下,沿海地区面临着竞相发展的压力,迫使各地寻求新的支点,将向海洋进军作为新的发展策略,并呈现出相互碰撞、相互挤压的状态。在向着海洋的全面发展过程中,成千上万年来形成的曲折绵长的自然岸线在短时间内消失殆尽,各种类型的滨海湿地大规模急剧缩减,甚至彻底消失。科学告诉我们,环境的迅速变化势必会导致生态系统崩塌。

2006 年的春天,第十一届全国人民代表大会第四次会议通过了《国民经济和社会发展第十一个五年规划纲要》,明确提出 18 亿亩的耕地是未来五年一个具有法律约束力的指标,是不可逾越的一条红线。很明显这是指陆地国土。对于约 300 平方千米的海洋国土,沿岸和近海区域是海洋生物繁殖、生长发育的区域,有些类似于"可耕地",但却有以下差异。第一,它具有流动性。在渤海中繁殖的大虾需要洄游到黄海甚至更远的地方,甚至要穿越国界。有些鱼类在淡水中长大成熟后,会回到海洋中进行产卵繁殖,开始新一轮的洄游。不仅仅是鱼虾在海水中游动,海水本身也在流动,海洋是一个不可分割的整体。第二,海洋中的收获是无法预见的。在陆地上,我们可以清楚地知道每年的收成如何,也能看到收获的对象并等待合适时机进行收获。而在海洋中,我们无法看到可以收获的东西。当你拉起渔网时,你可能才发现网里全是小鱼,但已经为时已晚。就算将它们放回大海,也会造成大量死伤。这一点与陆地完全不同。海洋国土与陆地国土之间存在着巨大的差异。尽管我们已经在海洋中察觉到了一些问题,并且已经预见到了这些问题的严重性,但是与陆地相比,海洋的重要性还没有得到足够的重视。现在是时候开始考虑为海洋国土设立"红线"了,而不应该等到无可奈何的时候才被迫采取行动。

■ 二、"向阳红 16"号与艰辛的海洋探索

我国自主设计和建造的一艘远洋科学考察船被命名为"向阳红 16"号,它属于国家海洋局 4500 吨级远洋科学考察船的一种类型。1981 年,这艘船由上海沪东造船厂建造并编入序列,随后隶属于国家海洋局东海分局。

1993 年 5 月 2 日的凌晨,浙江舟山群岛海域弥漫着薄雾,仿佛海面上笼罩着一层面纱。这个季节正是冷暖气团在东海交汇的时候,海雾从南往北逐渐袭来,整个海域笼罩在浓浓的雾气中,能见度极差。此时,国家海洋局的"向阳红 16"号海洋科学考察船,正执行着大洋海底多金属结核资源调查任务,于 5 月 1 日自上海港起航,前往太平洋中部预定的作业区域。当考察船航行至北纬 29°12′、东经 124°28′的海域时,指针指向了 5 点 5 分的时刻,船体突然发生了剧烈的震动,船舱内的物品纷纷落地,所有人都被惊醒。接着,"嘎、嘎"的钢板撕裂声让人心惊胆战,紧接着发生了更加剧烈的震动。就在这时,船上的报警信号铃响了三声,然后就突然中断了。

过了 5 分钟,海水迅速涌入船舱,船只开始倾斜下沉。确认无法自救后,船长下达了"弃船"的命令。船员们迅速投放救生艇和气胀式救生筏到海中。由于右舷已经严重变形破损,悬挂的第 2 号和第 4 号救生艇已经撞坏,无法使用。众人自发地移至左舷,用太平斧将第 1 号和第 3 号救生艇的缆绳砍断,并将几个气胀式救生筏推入海中。5 点 25 分,船长最后离开了考察船,与 106 名船员和科考人员登上了救生艇或气胀式救生筏,随后转移至"银角"号。10 多分钟后,船员和调查队员默默地目送着为我国海洋科学考察事业做出巨大贡献的"向阳红 16"号考察船,船尾下沉,船头高高翘起,迅速沉没在我国东海中。

在新中国成立以来的海洋科学考察船事故中,"向阳红 16"号海洋科学考察船的沉没是损失惨重的。事故的直接原因是一艘来自塞浦路斯的"银角"号货轮,从侧面撞上了"向阳红 16 号"船右舷。巨大的船首像一把利斧插入了考察船的机舱,导致机舱立即进水,主机失去了动力。虽然发出了三声警铃,但由于电源中断而未能继续响起。随后船只沉没。此次事故造成了将近亿元的经济损失,严重影响了我国向国际有关组织承诺的大洋多金属结核的考察任务。同时,还有 3 名科考人员由于舱门变形无法打开而与船体一同沉没至海底。"向阳红 16"号海洋科学考察船和"向阳红 09"号以及"向阳红 14"号属于同一系列船只,排水量 4400 吨,最高速度是 19 节,可以航行 1 万海里,能够承受 12 级风力。船上装备了先进的通信导航设备和各种海洋学科的仪器。自从建造以来,"向阳红 16"号已经 5 次前往太平洋进行多金属结核资源的考察任务。

在长江口,经常发生雾中撞船事件,因为这个海区是我国沿海的一个多雾区。每年入春后至盛夏前,东海都会进入雾季。5 月 2 日上午 8 时 50 分,刚完成为勘探二号拖航任务的远洋救助船"德意"轮接到了上海救捞局的紧急通知,要求速去接应"向阳红 16"号船上的遇险人员。9 时 25 分,"德意"轮与"银角"号船取得了联系。由于"银角"号船拒绝改变航向驶往中国港口,仍然朝东北方向航行,"德意"轮开始全速追赶。直到 23 时左右,"德意"轮才靠近"银角"号船。然而,"银角"号船仍未停下,双方保持着 1 海里的距离,继续向济州岛方向航行。经过与"银角"号船长的交涉后,中方同意他们在 5 月 3 日中午继续航行。船长提出,由于船上装有一级危险品,他们不能在海上靠泊。经过反复交涉,"银角"号同意于第二天上午在韩国济州岛西南海域交还"向阳红16"号的船上人员。

5 月 4 日,在约定的海域,上午 10 时,第一批遇险人员登上了"德意"轮。一个小时后,"德意"轮载着 107 名遇险人员开始驶上回国的航途。他们于 5 月 5 日返回上海港,并受到国家海洋局领导、上海市政府以及有关部门的欢迎和慰问。国务委员宋健代表国务院发来了慰问电,表示了亲切的慰问,并向三名遇难人员表达了深切的哀悼之情。

中国海洋探索与开发的过程并非一帆风顺,同时也伴随着"向阳红 16"号这样的艰辛往事。纵观人类历史,这一点也是相似的。当我们受惠于今日的海洋事业的种种成果时,前人的付出与牺牲值得我们铭记。

思 考 题

1.随着改革开放的不断深入和世界经济全球化的迅猛发展,我国在加强海洋事业顶层设计方面采取了哪些重要措施,进行了哪些规划?

2.为了提升参与国际海洋治理的话语权,我国除了组织科考,还采取了哪些措施?

第九章

21世纪的中国崛起和海权振兴

21世纪，中国再次带着自信和底气站在了国民和世界的面前。中国并非仅仅是一个陆地国家，而是一个拥有陆地与海洋双重资源的国家。积极迈向海洋，维护国家的海洋权益，已经成为维护国家利益的必然趋势。中国并非一个扩张主义者，也不会继续奉行西方国家的古老思维模式，继续执着于"谁控制海洋，谁就控制了地球财富和地球本身"的殖民时代观念。相反，在全球化持续深入的今天，我们重新审视海权对于国家安全和国家利益的重要意义，只是要求像其他大国一样在世界上展现我们应有的价值和地位，维护自己的海洋权益，开发利用海洋资源，保护海洋环境。这具有历史性和客观性的不容忽视之课题，已经摆在我们面前。

这是一个宣告，也是一个宣言！

第一节　发展海洋利益和再现海权张力

> 提高海洋资源开发能力，发展海洋经济，保护海洋生态环境，坚决维护国家海洋权益，建设海洋强国。
>
> ——胡锦涛

21世纪初，中国领导人提出"中国和平崛起"的思想后，立即引起了国际社会各界的广泛关注。人们对于中国能否实现和平崛起以及中国和平崛起的国际环境有着浓厚的兴趣。同时，人们也开始探讨在崛起的进程中应采取何种战略，这成为了当今中国和世界的一个热门话题。

中国的崛起是全面的，尤其是在海上的崛起将发挥举足轻重的作用，占据重要地位。在《联合国海洋法公约》的框架下，中国更加明确地确立了海洋国土的概念，制定了各种涉海法律，这使得中国的普通公民了解了如何通过法律来维护自己的利益和权益。在国际海洋事务中，中国也明确表达了自己的主张，在全球海洋和深海资源的舞台上获得了更多的发言权。

一、大洋环球科考和深海资源勘查

40 多年前，中国人开始对大洋深海资源产生浓厚的兴趣。国家海洋局的"向阳红 5"号考察船在 1978 年 4 月 22 日从太平洋深处意外获得了 5 块海底多金属结核。这个意外的发现最终让中国打开了"国际深海采矿俱乐部"的大门。早在 1873 年，英国海洋调查船"挑战者"号在非洲西北外海的加那利群岛采集到了一些深褐色的土豆大小物体。这些沉甸甸的团块由锰、铁、镍、铜、钴等多种金属化合物组成，氧化锰的含量最高。这些团块呈现同心圆一层一层的结构，状如切开的洋葱，被称为多金属结构（又称"锰结核"）。20 世纪初，美国海洋调查船"信天翁"号在太平洋东部的多个地点采集到了锰结核。初步估计，太平洋底部存在锰结核的面积比美国还要大。然而，在那时，这个发现并没有引起人们的重视。

1959 年，美国科学家约翰·梅罗在长期进行锰结核研究后，发表了一份关于锰结核商业开发可行性的研究报告，这引起了许多国家政府和冶金企业的关注。包括美国、英国、法国、德国、日本、俄罗斯、印度和中国在内的国家，在这个领域投入了大量资源，并取得了显著的成果。在 20 世纪 80 年代之前，全球有 100 多家参与锰结核勘探和开发的公司，还成立了 18 个跨国集团公司。中国的深海金属结核研究人员一直追求着"对中国海域进行全面探索，登上南极洲，进军三大洋"的梦想。

1990 年 4 月 9 日，经过国务院的批准，成立了"中国大洋矿产资源研究开发协会"（简称"中国大洋协会"）。其宗旨是利用国际海底资源研究与开发活动，为我国开辟新的资源来源，推动深海高新技术产业的形成与发展，维护我国在国际海底资源开发方面的权益，并为人类对国际海底资源的开发和利用做出贡献。1991 年 3 月 5 日，中国大洋协会获联合国批准，在国际海底管理局和国际海洋法法庭筹备委员会注册，成为国际海底开发的先驱者。该协会被授权在国家管辖范围以外的国际海底区域拥有一个面积为 15 万平方千米的开辟区。

根据《联合国海洋法公约》的相关规定，国际海底管理局于 1997 年批准了中国大洋协会的为期 15 年的勘探工作计划。随后,1999 年 3 月 5 日,在完成 50% 开辟区域的任务后,中国大洋协会成功获得了一个面积为 7.5 万平方千米的金属结核矿区,该矿区具有专属勘探权和优先商业开采权,其面积几乎与渤海相当。通过这一成果,中国成功扩大了战略资源的储备总量。另外,2001 年 5 月,中国大洋协会与国际海底管理局签署了勘探合同,将中国大洋协会从国际海底开发活动的先驱投资者转变为国际海底资源勘探的承包商。

在庆祝郑和下西洋 600 周年的 2005 年 4 月,我国的"大洋一"号远洋科学考察船从青岛港出发,首先进入太平洋进行调查作业,接着通过巴拿马运河进入大西洋的作业区域,然后沿着南大西洋中脊经过好望角进入印度洋进行科学考察。最后,它穿过马六甲海峡回到南海。这次考察历时将近 300 天,总航程达 4.3 万海里(约 8 万千米),是针对全球大洋深海资源和环境的科学考察。这次考察被认为是我国首次进行的大洋环球科考,也标志着"大洋一"号船开始执行长航次的大洋科考任务。

经过 30 多年的不懈努力,截至 2011 年,我国已经有 5 艘海洋调查船执行了 25 次大洋调查航次,总航行时间超过 4500 天,航迹遍布三大洋。这一系列的调查为深海资源评价、环境和生命科学研究提供了大量的基础素材。在 1997 年至 2009 年期间,我国还对太平洋海域内的 27 座海山进行了富钴结壳资源的调查。此外,在太平洋、印度洋和大西洋的洋中脊上,我国先后发现了二十多处海底热液区。借助这次大洋调查获取的丰富数据,国家海洋局向国际海底地名分委员会提交了七个太平洋海底地名的申请并获得批准。

国际海底区域及其资源属于全人类共享的财富。国际海底区域指的是国家管辖范围以外的海床、洋底和底土,而不包括上方被水覆盖的地带。该区域大约占海洋总面积的 65%,接近地球表面的一半,是一个广阔的区域。然而,大部分国际海底区域位于深海之中,水深达数千米以上,因此即使有宝贵的资源,要从海底取上来并不容易,尤其是具有商业价值的资源更加难得。尽管如此,这片区域仍然是地球上唯一纯净的一片领土,也是新一轮"蓝色圈地"的重点地区。在全球气候变化日益成为政治舞台热议话题的当下,国家走向深海大洋的战略正在日益成为影响国际规则制定以维护国家利益的重要因素。中国在走向大洋的道路上起步较晚,但取得了卓越的成就。

深海技术一直是海洋高科技领域的前沿,我国在这一领域经过 20 余年的不懈努力,初步建立了具有中国特色的深海技术体系。在中国的海洋调查领域中,国内生产的大洋深海作业技术和装备的比例最高,也是最为成熟的。因为,国际海底区域的竞争归根结底是海洋实力的竞争,发展深海技术是获得优势的必经之路。大洋深海资源勘探在中国的海洋科学界和海洋技术装备领域是一个具有代表性的例子,如何发展中国的深海高科技,不仅应该引起我们的高度关注,也值得我们深入思考。

■ 二、南海风云再起和海洋战略博弈

根据央视新闻报道,每年约有五万艘船只穿越马六甲海峡,其中超过一半是中国的船只。而这些中国船只中有相当一部分是油轮和集装箱货轮。可以想象,这样一条海上航线密集、流量大的交通要道一旦被切断,中国的能源供应首当其冲受到影响,各类经济物资的供应也将遭受重大的冲击。穿过马六甲海峡进入印度洋,也有很多对于中国的海洋安全起着同等重要作用的关键区域,其中包括亚丁湾——印度洋通往红海和地中海的必经之地。

2008年12月17日,刚刚完成前往苏丹航运的"振华4"号货轮遇到了一场气氛紧张的突发事件。当天,全副武装的7名海盗向货轮发起袭击。幸运的是,"振华4"号货轮上的30位勇士在实力悬殊的战斗中,仅依靠高压水枪和手工制作的燃烧瓶就打败了荷枪实弹的敌人。然而,仅凭勇气和幸运,又如何能够彻底确保"海上生命线"的安全呢?

根据联合国安理会的相关决议,中国海军首批护航编队于2008年12月26日下午启程,编队由"武汉"号和"海口"号导弹驱逐舰以及"微山湖"号综合补给舰组成。这支编队将前往亚丁湾、索马里海域执行护航任务。这是自新中国成立以来人民海军首次承担重大的远程作战使命任务,也是中国舰船首次以特殊使命任务的形式出现在距离中国本土4400海里(8000余千米)外的非洲之角。

对此,美国《华盛顿邮报》评论道:"这让人联想起明朝郑和的故事,他曾率领船队横跨印度洋抵达东非海岸。然而,过去的海洋探险引领中国的大海蓝水航行时代不得不终结,因为紫禁城内的保守势力认为中国没有理由在海外探索上浪费财力。但现在,郑和又回来了。"经过600年的沉默,郑和回来了。中国海军展示了中华民族秉持"和平共处"的理念。如今,为了维护我国的海外利益,保障海上通道的畅通,我国采取了必要的非战争状态的海上军事行动。改革开放以来,我国的经济利益已经遍布全球各地。为了保卫这些利益,发展我国的海上实力是必然的,其中也包括发展军事力量。然而,不管怎么发展,我们始终坚守和平的防御策略,始终坚持走和平发展的道路。

前往南沙海域捕捞的中国渔民经常遭受其他国家武装船只的干扰,其他国家外籍人员则在不断开采海洋石油,"共同开发,联合钻探"。尽管从 2007 年开始,中国海监船和飞机已经定期进行南海全海域的维权巡航,但这个问题并非一朝一夕可解,面对日益严峻的形势和任务繁重的维权巡航,海上力量显得不足。特别是在南海海域,面对周边国家的蚕食、侵占和挤压策略以及域外大国的高调介入,南海形势越发严峻,南海的油气资源被不断掠夺。

在改革开放初期,邓小平针对我国与周边地区的海洋争端问题提出了"主权属我,搁置争议,共同开发"的外交原则。关于海上争端,我国一直保持高度克制,主张本着睦邻友好精神,尊重历史和法理事实,寻求各自均可接受的解决方案。但我国不允许善意被滥用,不接受海洋法被歪曲。

2009 年 3 月 8 日,美国海军的舰艇"无瑕"号在中国海南省以南约 120 千米处的南中国海海域执行监听中国海军潜艇的任务时,不慎与 5 艘中国籍船只相遇,并被迫采取紧急避碰措施以避免发生碰撞事故,中方立即要求"无瑕"号撤离该海域。

美国国防部指责称,中国的 5 艘船只在公海上危险地接近美国海军海洋监测船,意图干扰美军的正常操作。五角大楼的官员表示,在这起事件发生前的几天,中国船只表现出了越来越多的挑衅行为。同时指出,这起事件发生在距离海南岛约 75 英里(120 千米)的南海国际水域。据俄罗斯观察家称,这一事实表明,在中国的南海和黄海地区,中美之间关于资源和战略要地的争夺战已经进入了一个新的阶段。南海已经逐渐成为一个博弈的焦点区域。

据报道,南海的油气资源丰富。据称南海有超过 200 个含油气构造和 180 多个油气田。曾母盆地、沙巴盆地和万安盆地的石油总储量就接近 200 亿吨,是世界上待开发的大型油藏之一。其中,超过一半的储量位于应归属中国管辖的海域中。权威部门初步统计,南海在中国传统疆界范围内的石油地质储量大约在 230 亿至 300 亿吨之间,这约占中国石油总资源总量的三分之一。

然而,南海出现了多个国家的主权要求重叠,根据《联合国海洋法公约》,周边国家纷纷提出了专属经济区和大陆架要求,拒绝承认中国传统的海洋边界。在这种情况下,中国政府提出了"搁置争议、共同开发"的倡议,希望在解决领土争议之前,与相关国家暂时搁置争议,并展开合作开发。然而,这种提议并未得到友好的回应,反而助长了南沙既得利益国家的嚣张气焰。近年来,越南、菲律宾等国更是加快速度占领南海的一些无人岛屿和礁石,拘押甚至使用武力驱赶我国在南海作业的渔民,进一步加剧了南海的矛盾。

中华人民共和国成立后,广东省开始有效对南海诸岛进行管辖。1988年,海南省成立,将西沙群岛、中沙群岛、南沙群岛的岛礁及其海域划归海南省管辖。中国对南海诸岛及其周边海域享有无可争议的主权。然而,在亚太地区成为世界经济和战略博弈的舞台之后,美国开始推行以太平洋和印度洋为重点的"亚太再平衡"战略,使得海洋权益争端变得更加复杂。南海周边国家企图进一步侵占该地区的领土。自从 2010 年美国高调重返东南亚地区以来,南海相对稳定的局势已经被打破。

当前,南海的情势已经发生了错综复杂且深刻的变化,从原本只是海洋权益的争端逐渐演变为了一场涉及海洋战略的博弈。进入 21 世纪,南海周边个别国家在南海不断挑起争端,甚至集体向中国发难,导致南海问题矛盾重重,而域外大国主动介入,也使冲突爆发的概率越来越大,昭示着南海争端有不断升级的趋势。

三、钓鱼岛争端和中日海上过招

位于中国东海大陆架边缘的钓鱼岛及其附属岛屿是中国台湾岛的附属岛屿。它包括主岛钓鱼岛、黄尾屿、赤尾屿以及钓鱼岛周围的南小岛、北小岛、南屿、北屿和飞屿等岛礁。钓鱼岛位于中国台湾省基隆市东北约 92 海里的位置,与日本琉球群岛相距约 73 海里。世界著名的洋流"黑潮"进入我国东海后,在钓鱼岛附近由东向北转向,沿着冲绳海槽向北流动。钓鱼岛及其附属岛屿总面积约为 5.69 平方千米,其中钓鱼岛面积为 3.91 平方千米,海拔高度为362 米,长期无人居住。这些岛屿在地质构造上属于"大陆型"岛屿,而不是像琉球岛那样属于"大洋型"岛屿。自古以来,钓鱼岛及其附属岛屿是中国领土不可分割的一部分。第二次世界大战后,日本政府把台湾的附属岛屿钓鱼岛等岛屿私自交给美国,美国政府片面宣布对这些岛屿拥有所谓"施政权"。后来,美、日两国政府在"归还"冲绳协定中,公然把钓鱼岛等岛屿划入"归还区域",为中日岛屿之争埋下祸患。

钓鱼岛的主权早在 15 世纪的中国文献《顺风相送》中就有记载。1941年,东京法院在处理渔事纠纷时,也认定钓鱼岛以及周边岛屿属于台湾。从法律上看,在 1895 年《马关条约》中,清政府割让台湾及所有附属各岛屿给日本,其中也包括了钓鱼岛及其周边岛屿。1945 年,根据《开罗宣言》,日本归还台湾给中国政府,当然也包括了钓鱼岛及其周边岛屿。

1977 年 8 月,当时正在太平洋第三次靶场进行远程运载火箭试验的中国"向阳红 5"号船,突然接到上级命令,立即改变航向赶赴钓鱼岛。14 个月后的某一天,国务院副总理邓小平出访日本,他的行李中携带着一份特殊文件——《中国东海大陆架地形图》。1978 年,邓小平副主席在访问日本期间,有一位日本记者询问中日钓鱼岛争端的解决办法,邓小平副总理回答道:"我们这一代人的智慧还不足以解决这个问题,我相信下一代人会比我们更聪明,能够找到一个双方都能接受的方式来解决这个问题。"这不是妥协,而是一种策略,求大同存小异不仅适用于与对手的争端,即使是朋友之间也应如此。

国家利益的现实要求,变幻莫测的国际情势,复杂多变的大国政治,以敏感的钓鱼岛地理位置为切入点,处于充满对抗、争斗、二选一思维的冷战时代,最终导致中日钓鱼岛争端的发生。过去,中国领导人以长远眼光制定政治策略,都选择了搁置钓鱼岛的争议问题。从当时的国际局势和国际环境来看,这些选择都是为了争取最理想的结果并不得不做出的长远考量。

自古以来,钓鱼岛一直是中国的神圣领土,这一点毋庸置疑。从历史的角度来看,法理上的支持是十分明确的。然而,历史并不只有法理,还包括实际控制等许多实际情况。在当前已经结束的冷战时代,既有的政治策略是否可以适应新的国际环境来解决第一、第二次世界大战之后冷战留下的"僵局"?当今的中国正在谱写着明天的"历史",亚洲的问题只能由亚洲人民自主解决。

2013 年 5 月,军事科学院发布《战略评估 2012》,研判国际战略形势,提出应对策略,全书近 5 万字,分为亚太战略形势、亚太海洋安全等 9 部分,对东海和南海争端的发展趋势进行了详细分析。其中,钓鱼岛主权争端是中日东海权益争端中的一个非常敏感和复杂的问题,也是影响东海局势稳定的重要因素。钓鱼岛问题涉及领土主权,中日双方都很难做出让步。该争端还涉及钓鱼岛拥有的海域管辖权问题,以及在海域划界上的有效性问题。同时,这个问题还牵扯到日本与美国、祖国大陆和台湾之间的各种复杂因素,彼此之间相互制约。评估显示:中日钓鱼岛对峙可能会变得长期化,且形成"行动—反行动"作用模式。自 2012 年 12 月以来,日本战机多次近距离跟踪监视中国正常巡逻的海监飞机,导致钓鱼岛的对峙可能会从海上扩大到空中,增加了发生意外冲突的危险性。如果这种局势继续发展下去,不仅会严重损害中日关系,同时也会对地区稳定产生影响。

第二节　建设海洋强国和开启海权新篇章

> 海洋对于人类社会生存和发展具有重要意义,海洋孕育了生命、联通了世界、促进了发展。
>
> ——习近平

当前,中国是一个新兴的大国,正迈向现代化的道路。中国发展社会主义市场经济后,与世界建立了广泛的联系,海洋权益已经逐渐延伸到世界各地。随着中国经济规模的扩大,这种趋势也在持续蔓延。江卫平在《新时代海洋强国论》中说道,当前,中国经济已发展成为高度依赖海洋的外向型经济,对海洋资源、空间的依赖程度大幅提高,在管辖海域外的海洋权益方面也需要不断加以维护和拓展,这些都需要通过建设海洋强国加以保障。与此同时,中国展示海上力量的内外需求也在同步增长,这是中国与其他国家共同拥有的特点。然而,中国的海上力量具有中华民族特有的品质和内涵。与美国和英国等被海洋包围或包夹的国家不同,中国有一面面临海洋,三面环绕着陆地。由于不同的国家安全压力,中国在漫长的历史进程中主要发展了陆军而非海军。中国主张的有限海权,是为维护领土主权和海洋法的范围内的海洋权益,发展海军也是为了自卫而非扩张。

中国的未来发展目标在于实施海洋强国战略,在海洋世纪中发挥重要作用。现今的海洋已不再是阻碍人类迈向全球化进程的天然障碍,而是未来发展与获取资源的重要空间。中国的海权战略是一种具有强烈全球意识的战略,既要对内开放,也要面向外界开放,实现内外一体化,只有这样才能使中国走向强大的未来。

■ 一、"一带一路"和勾画未来海权新格局

2013 年 9—10 月,习近平主席在对中亚和东南亚的访问中,首次提出了"一带一路"的合作倡议。所谓"一带一路",即"丝绸之路经济带"和"21 世纪海上丝绸之路",就是指以中国古代丝绸之路为历史符号,与沿线国家共同打造政治互信、经济融合、文化包容的利益共同体、命运共同体和责任共同体。如今,中国所提倡和推动的"一带一路"合作倡议已成为世界各国关注的焦点。"一带一路"横跨欧亚大陆,连接亚太经济圈和欧洲经济圈,是世界上最长的经

济走廊。"一带一路"中的"一路",指"21世纪海上丝绸之路"的建设,更着重于以重要港口为节点,共同建设畅通、安全、高效的运输通道,加强与共建"一带一路"国家和地区的经济合作,实现互利共赢。其中包括了三条蓝色经济通道:中国—印度洋—非洲—地中海、中国—大洋洲—南太平洋、中国—北冰洋—欧洲。以这三条经济通道为主线的"21世纪海上丝绸之路"展示了中国海权的全新发展思路,摒弃了西方过去通过武力掠夺殖民的老路线,取而代之的是通过海洋联系和承载资源、技术、信息和商品的流动、集结与扩散,加强产业合作,实现海洋一体化发展的新模式。

中国经济持续增长,即便经历了三年的疫情,仍然取得了亮眼的成就。中国与海外国家地区的贸易活动频繁,进出口总量巨大,海上运输量不断增加。随之而来的是中国能源的对外需求持续增长,国内石油消耗量和用油量在全球范围内的占比也大幅上升。近年来,中国已超越美国,成为全球最大的石油进口国和消费国,约70%的石油需依赖进口,中国购买了国际市场上约四分之一的石油。

中国进口石油的主要来源有波斯湾地区、西非、南美和俄罗斯,其中大部分依赖海运。然而,海上石油航线的距离长且脆弱,线路单一。几乎所有的海运石油运输路线都需要经过马六甲海峡。通过该海峡的石油运输量几乎占中国海运石油总量的四分之三。海上运输通道的安全和畅通对中国的经济发展和国家安全具有至关重要的影响。积极推动"21世纪海上丝绸之路"的建设是势在必行的,并且是构建中国海权战略的重要体现,目的是建设一个强大但不称霸的中国。

到2022年9月底,我国已经与149个国家和32个国际组织签署了200多份合作协议。共建"一带一路"已经被写入了联合国、亚太经合组织等多边机制的成果文件。2013年到2021年间我国与共建"一带一路"国家的货物贸易额累计达到了约11万亿美元,对共建"一带一路"国家的非金融类直接投资超过了1400亿美元。此外,我国已经与30多个共建国家和地区签署了互认协议,贸易投资自由化便利化水平持续提高。秉持着"一带一路"倡议的理念,我们致力于推动高质量发展,并以建设"海洋强国"为奋斗目标,以此推动海权的崛起。党的二十大报告明确指出"要发展海洋经济,保护海洋生态环境,加速建设海洋强国",为建设海洋强国制定了新的目标和要求,全面吹响了我们建设海洋强国的奋斗号角。为了实现中华民族伟大复兴的中国梦,我们必须走向海洋、开拓海洋资源、维护海权。我们将更加积极地参与全球海洋治理,不断扩大我们的蓝色伙伴网络,推动形成海洋命运共同体。同时,我们将积极开展全方位、多渠道、宽领域、多层次、高水平的国际海洋合作,彰显负责任的海权大国角色担当。

在共建"一带一路"倡议和建设"海洋强国"战略的背景下,特别是通过"21世纪海上丝绸之路"建设的机遇,为了实现21世纪中国和平崛起和中华民族伟大复兴的中国梦,中国需要进一步提升国家的海洋经济发展能力,加大海上执法维权力度,坚决维护国家的海洋权益,同时保护国家海洋资源的生态环境,努力将中国打造成为海洋强国。同时,中国海军随着实力的不断增强,将成为确保海上交通线安全畅通的有力支持,进一步促进海上运输线的畅通和海外贸易的繁荣。

■ 二、建设海洋强国,构建海洋命运共同体

党的十八大以来,习近平总书记统筹国内国际两个大局,统筹发展和安全两件大事,强调建设海洋强国是中国特色社会主义事业的重要组成部分,多次发表讲话论述了建设海洋强国的战略目标、发展路径、实践意义等内容。习近平总书记指出,坚持走依海富国、以海强国、人海和谐、合作共赢的发展道路,通过和平、发展、合作、共赢方式,扎实推进海洋强国建设。习近平总书记关于海洋强国战略的重要论述,指引我国海洋事业进入了历史上最好的发展期。

海洋经济取得了高质量发展,海洋开发能力显著提高、开发领域持续扩大,海洋经济成为新的增长点,展现出强大的发展潜力和广阔的市场前景。2014年,我国海洋经济体量首次超越美国。2023年,我国海洋生产总值达到99097亿元,比2022年增长6%,占国内生产总值比重为7.9%。海洋产业结构持续优化,海产品产量多年位居世界第一,国际海运量接近全球三分之一,海洋新兴产业增加值年均增速超过10%。我国已与100多个国家和地区建立了航线联系,航运贸易持续升温,海洋经济国际合作不断拓宽。2023年,我国港口完成货物吞吐量170亿吨,同比增长8.2%,其中外贸货物吞吐量50亿吨,增长9.5%。港口集装箱吞吐量31034万标准箱,增长4.9%。同年,全球港口货物和集装箱吞吐量排名前十的港口中,我国分别占八个和七个。海洋经济全方位、深层次地融入我国国民经济的脉络之中,以更加包罗万象的产业布局助力我国国民经济的发展。

全力遏制海洋生态环境不断恶化趋势,让海洋重归澄澈湛蓝。党的二十大报告指出,发展海洋经济,保护海洋生态环境,加快建设海洋强国。把海洋

生态文明建设纳入海洋开发总布局之中,坚持开发和保护并重、污染防治和生态修复并举,科学合理开发利用海洋资源,维护海洋自然再生产能力,让海洋生态环境明显改观,让人民群众吃上绿色、安全、放心的海产品,享受到碧海蓝天、洁净沙滩。逐步建立"海域、海岛、海岸线全覆盖""用海行业与用海方式相结合"的海洋空间用途管制制度。严格执行围填海管控和无居民海岛保护,综合运用多种监管手段及时发现并制止违法用海用岛的行为。全面划定海洋生态保护红线,海洋自然保护地面积约 10 万平方公里。实施海岸带保护修复工程、蓝色海湾整治行动、红树林保护修复专项行动计划,整治修复岸线 1500 公里、滨海湿地 3 万公顷,局部海域典型生态系统退化趋势初步遏制。

海洋科学技术创新取得跨越式发展,海洋创新能力不断提高,海洋高技术产业呈现规模化增长。以"蛟龙"号、""深海勇士"号、"奋斗者"号、"海斗"号、"潜龙"号、"海龙"号等潜水器为代表的海洋探测运载作业技术成果实现质的飞跃,核心部件国产化率大幅提升。自主建造具有世界先进水平的"雪龙 2"号破冰船,填补了我国在极地科考重大装备领域的空白。海洋油气勘探开发实现水深 3000 米的跨越,超深水双钻塔半潜式平台"蓝鲸 1"号在南海成功试采可燃冰。全球首个半潜式波浪能养殖平台"澎湖"号和全潜式深远海养殖装备"深蓝 1"号交付使用。我国自主研发的海洋药物占全球已上市品类的近 30%,建成全球规模最大的海洋微生物资源保藏库。实施海洋预报"芯片"工程,新一代具有完全自主知识产权的海洋数值预报系统投入运行,针对风暴潮、海啸、海浪等灾害预警报的准确率和时效性均达世界先进水平。科技进步和创新,是突破制约海洋经济发展和海洋生态保护科技的一剂良方。无论是海洋经济拓展新的增长边界,还是海洋生态保护攻克复杂难题,科技的力量在其中都无可替代。凭借前沿的研究成果、革新的工艺手段,打破现有瓶颈,为海洋领域注入蓬勃动力,开启全新发展篇章。

建设海洋强国,必须高度重视海洋,维护海洋权益,增强与国家安全、发展相适应的海洋意识。2019 年 4 月 23 日,习近平总书记首次明确提出构建海洋命运共同体倡议:"我们人类居住的这个蓝色星球,不是被海洋分割成了各个孤岛,而是被海洋连结成了命运共同体,各国人民安危与共。"构建海洋命运共同体是新时代中国参与全球海洋治理的核心指引,超越了传统的海洋地缘政治竞争观念,呼吁各国携手合作,共同应对海洋面临的诸多全球性挑战、共同推动蓝色经济发展、共同推动海洋文化交融、共同增进海洋福祉。

纵观大航海时代后的人类发展史,西方强国崛起无不伴随着对海洋利益、资源的抢夺侵占。海洋一度沦为一些资本主义国家夺取海上霸权、进行殖民侵略的战场。从葡萄牙、西班牙开启远洋冒险之旅,到荷兰以"海上马车夫"之名纵横四海,后来居上的英国更是建立起了全球海洋霸权……时至今日,部分国家仍奉行霸权主义,诉诸武力解决海洋权益争端。历史表明,零和思维、丛林法则没有出路,恃强凌弱、靠掠夺求发展的老路已被唾弃。习近平总书记提出的构建海洋命运共同体倡议,全面超越了传统的霸权主义以及零和思维,推动各国通过协商合作共同应对海上威胁和挑战,共建和睦的蓝色家园。海洋命运共同体倡议深化了人类命运共同体理念在海洋领域的探索和实践,是推动人类命运共同体建设走深走实的必然要求,为国际社会妥善处理涉海分歧、共商海洋治理提供了中国模式和中国方案,有力推动各国共同维护海洋和平安宁,展示中国智慧,推动世界发展进步。

海洋是全球治理的重要一环,随着全球海洋治理进入结构重组、秩序再造的新阶段,全球海洋治理面临着一系列的问题:公共产品供给不足、地缘政治冲击不断、国际海洋合作倡议搁浅等。国际社会共同面临着一个重要课题,那就是寻找全球海洋治理的新出路。在这样的背景下,中国在深度参与全球海洋治理的进程中,逐渐给出了自己的答案——构建海洋命运共同体。在联合国框架下,中国全面参与海洋治理,在海洋环境保护、海洋安全维护、海洋法律体系完善等方面不断发力,推动公正合理的国际海洋新秩序形成。构建海洋命运共同体,为全球海洋治理提供了一个有别于西方的方案,能有效应对海洋治理难题,是全球海洋治理方式的深刻变革。

海洋命运共同体从中国倡议发展为国际共识,从理念愿景转化为实践行动,取得了一系列实践成果。我国成立"联合国海洋科学促进可持续发展十年(2021—2030)"国家委员会,制定行动计划,发起"数字化深海典型生境""海洋负排放""海洋与气候无缝预报系统"等国际大科学计划,搭建中国-东南亚国家海洋合作论坛、中非海洋科技论坛、中国-岛屿国家海洋合作高级别论坛等平台,中国-国际海底管理局联合培训和研究中心、由中国牵头组建的联合国"海洋十年"海洋与气候协作中心等机构已举办了300多期能力建设培训班,6000余名发展中国家的青年学者参加培训。中国政府海洋奖学金项目实施10年来已为45个共建国家培养了300多名海洋青年人才。

建设海洋强国要求拥抱海洋,实现更好地开发和利用海洋;构建海洋命运共同体致力于实现人与海洋和谐共生,具有可持续性。建设海洋强国包括发展海洋经济、保护海洋生态、提升海洋科技等,构建海洋命运共同体是中国参与全球海洋治理、凝练海洋治理共识、引领全球海洋治理的行动。两者共同指导中国的海洋实践,助力现代化建设。

三、建设 21 世纪的现代化海军

2003 年 4 月,中国海军下水了 052C 型驱逐舰的首舰,命名为"兰州"号。2012 年 8 月,中国海军又下水了首艘 052D 型驱逐舰,被命名为"昆明"号。2017 年 6 月,中国海军下水了 055 型驱逐舰的首舰,被命名为"南昌"号,这标志着中国人民海军的驱逐舰从第三代向第四代的飞跃进步。2012 年 9 月,中国海军正式交接入列了第一艘航空母舰"辽宁"号。2019 年 12 月,中国第一艘国产航空母舰山东舰正式交付海军。2022 年 6 月,中国海军下水了首艘弹射型航空母舰"福建"号。这标志着中国成为全球为数不多拥有自主研制重型航母的国家,并且直接跳过了传统的蒸汽弹射舰载机,而采用了先进的电磁弹射技术。这代表着中国在航母装备和相关技术方面取得了巨大的成就。

从开始建造被誉为"中华神盾"的"兰州"号起,中国历经 20 年,吸收并消化国外造船技术,结合国内的最新科技成果,自主创新并制造了一批性能优良的世界级战舰。从舰体外观来看,这些舰艇融合了俄罗斯水面舰艇的特点,线条流畅;上层建筑则吸取了欧洲新一代大型主战舰艇简洁流畅的特点,并注重隐身性能,现代化的指挥、通信、电子干扰、电子侦察系统等,令美国等西方国家都不得不对中国的技术实力刮目相看;武器装备也全部由国内集成制造,充分展示了中国水面舰艇配套体系的规模和完整性。

在战略家的视野中,海洋一直是一个重点关注的领域。据法国作家弗朗索瓦·德勃雷在《海外华人》一书中的记载,中国古代伟大的航海家郑和曾经说过这样一句名言:"欲国家富强,不可置海洋于不顾,财富取之海,危险亦来自海上。"美国著名的军事理论家马汉曾明确地指出:"谁控制了海洋,谁就控制了世界。"在 21 世纪,随着海洋岛礁和资源争夺的加剧,海洋利益争夺的形势将变得更加严峻。美国、日本、俄罗斯、印度等国都不惜代价发展其海军力量,我国周边海域已经出现了激烈的竞争局面。

纵观中国海军的发展历程,从一贫如洗的阶段起步,经历了购买、仿制和自主设计建造等阶段,终于初步呈现出规模。然而,目前我国装备的主力驱逐舰存在许多不足之处,为了满足未来战争的需求,中国海军仍有很长的路要走。现代战争的特点是海陆空三维作战,因此中国海军需要更多具备强大远洋作战能力的大型水面舰艇。俄罗斯《独立军事评论》报道了中国海军正在实施为期50年、分为3个阶段的现代化计划,最终目标是建立具备远洋作战能力的远洋舰队。例如,"中华神盾"的问世标志着中国海军从近海转向远海的一个重要转折点,这也使得中国海军水面舰艇的作战能力产生了质的变化。

西方媒体大肆报道"中华神盾"开创的中国海军大规模现代化,背后隐藏的目的是什么? 海军装备部原部长郑明说:中国海军的发展是建立在积极防御战略的指导原则之上的。中国在海军方面的军费开支远低于一些周边国家。尽管中国海军已经发展了大量的现代化军舰,但中国海军仍然是一支防御力量。日本拥有6艘"宙斯盾"舰,但西方媒体对此报道甚少。西方媒体炒作中国海军的崛起,其目的是为"中国威胁论"造势,掩盖他们利用机会发展自己的海洋力量这一事实。以"中华神盾"舰为代表的中国海军工业,是中国造船企业努力追赶世界先进水平的成果。但我们也必须清醒地认识到,我国的技术水平与世界最先进水平还有一定差距,中国海军还有很长的路要走。

从地理海洋大国到实质意义上的海洋大国,再到成为海洋强国,在国家层面上,必须提升国民海洋意识,并将其具体化为国家海洋战略意识。如果缺乏有远见的战略构想,所有海上行为都会带有很大的被动性、盲目性和偶然性,难以真正实现成为海洋强国的目标。嘉靖年间,江浙巡抚胡宗宪总结了抗击倭寇的成功经验和失败教训,并提出"经略海上,区画周密",这可以说是海洋战略的初步形成。已故的著名"中国通"费正清在一篇文章中提出了"大陆中国"和"海洋中国"这两个概念。他所指的"大陆中国"具体指的是一个由农民聚集在肥沃土地上构成的国家,其上层建筑是由中华大帝国形成的庞大官僚机构管理系统。而"海上中国"则是指明朝永乐年间郑和远航西洋所展示出的海上实力,以及由此开创的辉煌而短暂的海上新局面。明清两朝实行了严格的海禁政策,阻断了"海上中国"的发展,也导致了"大陆中国"的衰落,这个教训是十分惨痛而深刻的。

我们的目标是成为一个海洋强国,这意味着我们要发展"海上中国"并改变"大陆中国",最终实现海上和陆上的有机结合。要解决当前中国海洋所面临的危机,需要站在时代的高度思考海洋问题。我们国家的海洋权益经常受到侵犯,管辖海域遭到瓜分,资源被滥用掠夺,还有长期存在的岛链封锁和战略威胁。中国作为一个正在和平复兴的世界大国,需要将国家利益向海上和海外延伸,对于国家安全的概念也发生了重大变化——我们有责任维护地区和世界的和平与稳定。要建设海洋强国,我们需要建立海权战略思想,制定长期海洋战略目标,全面增强我们国家控制、开发和利用海洋资源的能力。这些都是决定中国未来走向的重要抉择,不容忽视。

思 考 题

1.南海问题的国际舆论一直把控在美西方主导的国际话语体系下,我国积极构建南海国际话语权具有哪些重要意义?

2.在"一带一路"倡议的背景下,维护我国海权的路径有哪些?

结　语

一、海洋强国梦与海权意识培养

经过数千年的漫长发展，中华民族不仅创造了独具特色的海洋文化，而且在近代以来的海洋开发、利用和保护实践中，形成了独特的海洋观念，这进一步引领和指导着中华民族大胆地向海洋进军，同时也揭示了中国作为一个伟大海洋国家从陆地走向海洋的变革思想。作为中国海洋人，只有铭记初心，坚定信念，才能迎接全球海洋发展的潮流。

当前，海洋的开发正处于从平面向立体的转变过程中。海洋立体开发为世界带来的具体结果尚难预料，其发展的理想途径更难以确定。16世纪，海洋在平面上的开发引发了人类社会历史的重要转折。而21世纪，海洋在立体上的开发可能会引起另一次世界性的历史变化。从陆地进入海洋，再从海面深入海底，这些历史转折改变了人类活动的运行方式，必然会经历各种挫折和反复。从欧洲当年的"地理大发现"历史来看，这一过程必然是以世纪为单位进行的长期推进。

中国海洋事业必须积淀自己的独特文化，并且以先进文化为引领进行发展。在新时代，我们需要崭新的理论、文化和行动。21世纪被认为是海洋的世纪。中国和世界的发展历史一再证明了，向海则兴，背海而衰。中国特色社会主义建设正迈向新时代，在保卫国家海洋权益和发展海洋事业方面，我们担负着关系到民族生存发展和国家安危的重大战略任务。以习近平同志为核心的党中央，在适应世界发展和时代需求的基础上，进一步深化拓展了海洋强国建设的战略思想，强调"关心海洋、认识海洋、经略海洋"，并提出了"依海富国、以海强国、人海和谐、合作共赢"的指导方针，将海洋强国建设推向新的高潮。

习近平总书记在党的二十大报告中明确指出"推进文化自信自强，铸就社会主义文化的新辉煌""促进世界和平与发展，推动构建人类命运共同体"。高度的海洋文化自信是加快建设海洋强国的价值观基础和文化前提。随着中国特色社会主义进入新时代，海洋强国建设迎来了历史机遇期，我们要更加坚定自信地推进海洋文化自信。中国的海洋思想和海权意识受到了陆海环境融合形成的包容理念的直接影响，不同于西方的海洋文化和海权思想。海权意识是海洋文化不可或缺的一部分。海洋文化作为海权意识发展的思想引擎，能够为文化进步提供必要的支撑。因此，海洋文化和海权意识相互影响、相互推动、相辅相成，实现共存共荣。

二、新时代大学生海权意识养成

在历史演进的过程中，曾经出现的海洋强国都有着自身的弱点，这与后来海洋强国的更迭有着直接关系。成为海洋强国需要实力，硬实力的建立需要一个过程，而软实力则需要历史和文化的配合，二者相辅相成。中国向海洋进发，既不能完全效仿西方的道路，也不应生搬硬套他们的思维方式，只有借鉴中华文化的精髓，才能引领中国，启迪世界，为人类创造新的历史。中国人经历了百年变革和发展，我们既感到历史上的屈辱，也怀有向海洋迈进的雄心壮志。尽管"海洋热"和"海权热"正不断兴起，但今天的中国海权究竟何在呢？我们不得不承认，中国国民对海权的意识仍然相对淡薄，利用海洋发展自身的理念还未达到一定的高度，海洋的开发利用仍然处于低水平，国民对海洋知识的了解程度也较为有限。历史上，许多有远见的人都不可否认一个事实：一个国家国民的海权意识强弱与该国家和民族的兴衰息息相关。作为中国特色社会主义事业的建设者和接班人，当今大学生对海权的意识状况如何，显得尤为重要。然而，调查结果显示，大学生的海权意识现状令人担忧。

2009年3月，美国海军的侦察船"无瑕"号进入中国南海，企图获取军事情报。这一事件在中国国内媒体曝光后，引起了一次联合调查，关于国民海权意识的调查结果显示：80.6％的人并不知道黄岩岛的具体位置；96.8％的人从未读过被西方奉为经典的《海权论》；57.1％的人对中国海监的确切身份没有清楚的了解。而在我们国家的普通民众中，包括中学生甚至大学生在内，普遍认定中国疆域面积为960万平方千米，却忽视了还有300万平方千米的"蓝色海洋国土"。

（一）解读海权文化教育

对海权文化教育的倡导，最初根植于人文科学、社会科学以及自然科学的定义及其相互关系的深刻理解。

首先，三者的研究对象不同。自然科学是研究大自然中有机或无机的物质和现象的科学，包括天文学、物理学、化学、地球科学、生物学等。社会科学是以人类社会为研究对象的科学。通常包括经济学、社会学、政治学、法学等等。人文科学指研究人类内心活动、精神世界以及作为人类精神世界的客观表达的文化传统及其辩证关系的学科体系，它关注人类的存在价值和意义，研究的是精神和意义世界。

其次，在研究方法上，三者也存在差异。自然科学多采用客观的方法，如观察法、调查法、实验法、分类法、测量法等。社会科学引入了自然科学的方法，采用实证的方式进行研究。而人文科学则主要采用意义分析的方法，这是一种解释性的研究方法。

很明显，自然科学涵盖了各个领域的研究，它致力于解释世界是按照自然程序运行的事实。自然科学所研究的对象是整个自然界，包括物质的各种类型、状态、属性以及运动形式，揭示自然界中现象发生的实质以及自然现象的发生过程。在社会科学中，经济学、社会学、政治学等学科以经验的方法对社会进行实证研究。人文科学研究的是人类的观念、精神、情感和价值观，它涵盖了"人"的精神世界和由此形成的文化。

人文科学的价值在于为人类提供一个有意义的世界和守护一个精神的家园，使人类的心灵得到安抚和获得归属感，而不在于提供物质财富或实用技术。因此，人们常常说"德高为师"。人文科学和社会科学之间确实存在一种紧密的内在联系。举例来说，历史学就是一门兼具人文科学和社会科学属性的学科。从研究对象的角度来看，历史学无疑属于社会科学，但从研究的主旨和方法上看，历史学更符合人文科学的范畴。由于人文科学和社会科学的关系如此密切，人们更倾向于将两者合二为一，称之为人文社会科学。

（二）海权文化教育与研究是时代发展的要求

随着海洋强国战略在"十四五"期间的全面实施，海权教育也面临着更为广阔的发展前景和重要的现实意义，在国家和地方各级政府的高度重视下逐渐受到关注。然而，海权教育仍有一些概念或定义上的不确定之处，例如：海权教育究竟是特指狭义的海权知识教育还是更广义的海权文化教育？是侧重于海权知识与科普教育，还是注重海权文化与意识教育？是关注海权素质教育，还是强调海权素养教育？对于以上类似的概念与定义，我们必须有一个清晰而明确的认识。

从文化与人类文明的角度来分析，我们在现实意识中通常将海权教育理解为海权知识教育。然而，从提高全民族海权意识与促进海洋文明发展的角度来看，对于海权教育的理解与认知显然存在偏颇。

（三）海权文化教育发展趋势与走向

人们普遍认为海权教育是指海洋文化教育，包括近年来兴起的海洋研学教育。海权教育的理论和实践都有着悠久的历史渊源。显然，我们对海权教育的理解不能仅仅局限于传授海洋知识，而应该是海权文化教育，是一种综合性教育，将素质和素养相结合。海权教育具有开拓性、开放性、科学性、实践性、人文性、过程性、合作性等基本特征，这些特征都非常显著。海权文化教育和日益兴起的海洋研学教育之间存在紧密联系，可理解为海洋研学是海权文化教育的一个重要领域，实现了知行合一、天人合一、人海合一的目标。海洋研学是指在教师和专业辅导员的指导下，通过研究和发掘海洋自然科学、海洋人文科学、海洋博物学、海洋美学与艺术、海洋传统与文化、海洋生产与生活实践等多个方面，对受教育者进行启蒙教育。海洋研学关注于激发兴趣，尤其注重对广大青少年的海洋意识进行教育，根据教育原则提出研究问题，通过科学研究的方式主动获取普通海洋学知识、实践与应用知识，并寻找解决问题的方法。通过科学定义和分析海洋科学与研究的主体、客体、手段、目的等方面，逐渐深入，进而引导和促进海权文化教育事业的健康发展。

（四）现代海权文化教育现状与业态

在海洋强国战略的引领下，国家和地方各级政府全力支持海洋高等教育的发展事业，使我国海洋高等教育进入了快速发展期。据不完全统计，截至2020年，我国涉海类高校的数量已超过200所。然而，面对如此迅猛的发展势头和日益激烈的竞争局势，必然会出现海洋文化资源配置的合理性问题。

首先，涉海类高校和海洋特色类中小学校数量的增长速度与对师资数量的需求之间存在矛盾。当前，国内师范类高校几乎没有设置海权文化教育专业，也就是说几乎没有进行专业性的海洋师资教育和培养。因此，海权文化教育的师资如何与近年来我国涉海类高校和地方海洋特色类中小学校数量的快速发展相适应、相匹配这一问题,必将日益凸显出来。

其次,存在着师资数量不足与海权文化教育快速发展需求之间的矛盾。因为缺乏海洋师范专业的教育师资,目前涉海类高校和海洋特色的中小学数量迅速增加,必然导致对师资的需求量出现缺口,而唯一能够填补这一缺口的选择就是依靠涉海类高校自身培养的师资队伍。这种情况下,必然会出现师资力量海洋专业知识有余,但教育理念、规律和专业教育等方面的知识却因为缺失和割裂而直接影响海权文化教育质量的问题。

最后,在招生数量与师资力量之间存在矛盾也是一个重要问题。目前,在国内具备海权文化教育教师资质的人数尚无统计,但是无法满足涉海类院校学生总量快速增加的需求已经成为了不容忽视的事实。对于这一现状,迫切需要开展相应的研究,重视如何保证师资数量,确保教育质量和教育效果等问题。

(五)认清形势,忌急功近利,全面发展海洋素养教育

海洋是广袤的蔚蓝自然领域,海洋科学知识具有高度联系、融合和贯通的相互关系。因此,对于海洋文化教育的理解和人才培养必须摆脱传统陆地思维的束缚,真正树立起创新的蓝色思维和教育理念。

在海洋人才的培养方面,涉海类高校应当重视海洋文化教育的优先地位,并同时加强海洋人才发展战略规划,完善和健全海洋人才培养体系。进一步探索适合海洋事业发展和有利于海洋人才成长的体制机制,因势利导加快形成海洋人才培养与区域海洋发展战略相互支持的发展格局。

(六)"十四五"高等海权文化教育面临的共性问题

当前,我国在海权文化高等教育和人才培养方面普遍存在一些问题。学科专业设置与海洋产业发展存在滞后。随着海洋强国战略的实施以及海洋开发进一步向纵深发展,海洋经济在国家发展战略中的地位大幅提升,新一轮海洋资源开发、生态保护和合理、持续利用海洋的行动日益兴起。海洋产业的转型升级步伐正在加快,以海洋生物医药、海水利用和海洋新能源开发为代表的海洋新兴产业正在快速发展。海洋化工、海洋船舶制造、海洋工程建设、现代海洋服务等传统产业也取得了新的突破。因此,海洋高等教育需要顺应这一趋势,提供适应海洋产业发展的人才培养和知识创新体系。

然而，目前我国高校涉海类学科专业结构不均衡，过于偏重理论而忽视实践，注重眼前实际而忽视长远规划。这种情况阻碍了海洋人才的培养，难以满足海洋强国建设对战略性人才的需求。我国现有的一些涉海类高校是由水产学院和海运学院转型而来，在海洋生物、航海轮机等专业领域积累了丰富的人才培养经验。但是在智慧海洋、海洋新能源等新兴领域的整体水平仍然较低。尽管多所知名高校纷纷创办了海洋学院或开设海洋学科，却因创办时间相对较短，其成效尚不明显。总体来看，与海洋事业高质量发展的要求相比，我国涉海类高校海洋人才培养的层次和质量仍然偏低。海洋人才的能力与海洋产业发展、海洋科技创新之间的矛盾相对突出。

（七）受教育者投身海洋事业与海洋研学教育

海洋强国建设亟需培养大批"胸怀蓝色梦想，堪当时代重任的优秀海洋人才"。这一点在中华民族迈向海洋、建设海洋强国的精神动力方面具有重要意义，也是高等学校培养具有良好道德品质的海洋人才的基本内容。然而，长期以来受到"重陆地，轻海洋"的思想观念影响，再加上缺乏海洋意识教育，从业者海洋意识欠缺，对投身海洋事业的兴趣和意愿不强，从而严重制约了海洋人才队伍在素质和数量方面的提升。要解决当前海洋人才培养中常见的问题，就必须毫不动摇地以海洋强国战略为引领，以实现中华民族伟大复兴为目标。

在发展海洋高等教育时，我们应当坚持科学的理念，致力于培养全面发展的海洋人才。同时，我们也需要加强人文社会科学教育，以塑造正确的价值观。在推进海洋事业发展的过程中，我们必须妥善处理海洋人才培养与行业发展的关系，确保培养的人才能够适应和推动海洋事业的发展。这对高校海洋人才培养提出了新的要求和任务，我们要积极应对新的挑战。教育的目标在于塑造能够独立工作和独立思考的人，他们以将为社会服务视为个人最高的人生追求。而最重要的教育方法是鼓励学习者以实际行动来体现所学知识。实践是获取真知的途径，通过激发兴趣和求知欲的启蒙，培养独立思考和判断的能力，这是一种历练。教育的目标并不仅仅是获得专业知识。实践活动是社会进步和发展的必要条件，教育者不仅仅是知识的传递者，还应该是所传授技艺的艺术家。根据爱因斯坦的观点，人类最宝贵的财富在于他们所拥有的知识、技能以及艺术。海洋研究教育是海权文化教育的一种有益补充。海洋与国家的命运息息相关，海权文化教育应该以服务海洋强国战略为使命，紧密结合国家的海洋事业发展需求,培养具备创新能力和海洋精神的人才,积极构建引领海洋经济发展的卓越海洋人才培养体系。海权文化教育秉持人文主义理念,核心是影响受教育者的思维、行为、信仰、理想、价值观、人文模式和审美情趣等。通过以海洋战略引领海权文化教育实践和学科专业布局的优化,实现理论与实践的有机结合,促进教育与海洋经济发展的良性互动。

要树立战略性教育思想,首先要考虑到涉海类高等教育学科专业布局和与海洋行业产业领域的有机衔接。尤其要专注于满足国家海洋强国战略需求和海洋事业长远发展的需求。在提升传统学科专业优势的同时,要提前规划国家战略性海洋新兴产业发展的学科专业。通过交叉融合,推动若干新兴学科专业的发展,为引领海洋未来产业发展创造有利条件。以海洋精神作为指导,推动高校在德育创新方面取得突破,吸引更多的人才涌入海洋领域,引导受教育者在海权文化教育中实现学有所成,积极投身海洋强国建设和海洋事业发展。海权文化教育的育人理念应坚持"培养精神素养、强化专业能力"的要求。要注重以海洋精神为引领,深化构建海洋特色的思政教育体系,加强受教育者的爱国情怀和建设海洋强国的理想信念,使思政教育成为常态化的教育形态,提高受教育者对于海洋事业和海洋经略的使命感和责任感。我们要始终保持初心,忠诚于祖国,忠于人民。牢记使命,为海洋强国的实现而努力,为中华民族伟大复兴的梦想贡献自己的力量!

三、海权意识教育内容和途径

(一)海权意识教育内容

1.海权主权意识教育

《辞海》对"领土"的普通解释是:"在一国主权下的区域,包括一国的领陆、领水,领陆和领水之下的底土,以及领陆和领水之上的领空。"这明确地说明了我国采纳的"领土"定义,即主权国家的领土由陆地、天空和水域三个部分组成。陆地和水域都是地球表面上特定且不重叠的部分,而天空则是陆地和水域的上方空间。根据《联合国海洋法公约》的明确规定,沿海国家有权在 12 海里范围内建立领海,对领海、领海上空、海床和底层享有与陆地领土相等的主权。此外,沿海国家还可以拥有 200 海里的专属经济区和大陆架,作为陆地领土的自然延伸,享有这两个区域内自然资源的主权权利,包括资源勘探和开发权。海底区域和其资源是全人类共同继承的财富,中国拥有在这片区域进行勘探和开采的权利。根据《联合国海洋法公约》有关规定和我国的主张，中国管理的内水、领海、专属经济区和大陆架的海洋总面积约为300万平方千米。这300万平方千米的海洋领土，承载着中华民族复兴的期望，也是中国实现在亚洲脱颖而出、走向世界的战略平台。因此，这些海洋领土同样是中国疆域的一部分，也是中国赖以立足于世界的基石，不能随意侵占。中国必须加强对海洋的全面战略布局和发展。

2.海权发展意识教育

海洋对于中国人来说是一个重要的舞台，它代表着中国走向繁荣富强、实现宏图伟业的机遇。海洋也是中国走向世界不可或缺的必经之路，建设海洋强国，需要培养海洋意识。未来的"大中华经济圈"是中国海洋实力的具体展现，有助于找到在亚太经济发展浪潮中的独特定位。从这个角度上来看，从陆地中国向海洋中国的发展是一种必然选择，而亚太地区则是中国海洋实力展示的重要舞台。而且，随着现代科技的进步，很多人的观念已经发生改变，海洋除了传统的捕鱼和通航之外，还可以扮演新的角色，甚至拥有比陆地更多的资源可供利用。实际上，尽管很多人长期以来认为中国是一个地大物博、人口众多的国家，但实际上人均资源占有量较低，尤其是战略资源的安全已经成为制约中国发展的重要因素。

为了应对日益紧迫的资源安全问题，我们不可避免地将目光投向富含宝贵资源的海洋。而且，目前我国在海洋资源的开发和利用方面仍然处于较低水平。我国拥有丰富的渔业、石油和天然气等各种资源。海洋已经成为中国经济发展中不可或缺的重要组成部分，对中国经济发展具有巨大的促进作用。

3.海权安全意识教育

财富源于海洋，威胁也可能来自海洋。新中国成立后，我们这个饱受磨难的民族终于迎来了期待已久的和平。然而，太平洋并没有给我们带来宁静，取而代之的是一片冷战的硝烟。西方国家试图用所谓"不沉的航空母舰"来扼杀新生的人民政权，他们将这些岛礁串联起来，形成一道封锁链。中国不得不警惕地守卫自己的海岸线，我们的人民海军只能在近海活动。随着历史的进程和时代的变迁，今天的中国已经发生了巨大的变化，世界也不再是过去的样子。商船取代了炮舰，商谈取代了战斗，开放的中国正在崛起，陆地中国正向海洋迈进。海上安全对于国家安全至关重要，它与一个国家的资源开发、海上贸易和运输的安全密切相关。近代中国的国门曾被来自海上的列强强制打开。而至今，我国的海上安全形势依然严峻，面临着许多挑战。

首先,我们国家目前尚未实现完全统一,台湾仍未回归祖国的怀抱。其次,我们的海洋国土权益受到严重侵犯,海洋资源遭到了掠夺,部分岛礁被占据,战略通道的安全也受到了威胁,周边海域冲突屡见不鲜。最后,以美国为首的西方国家通过第一、第二、第三岛链对中国进行封锁,以及通过对中国海上通道进行排他性的控制来维护自身的垄断性经济利益。此外,海上恐怖主义、海盗、走私等非传统安全威胁因素也严重制约了我们国家的海上战略空间。因此,加强大学生的海洋国防意识是高校教学工作的重要任务之一,让他们能够全面认识到海防是国防的首要任务,也是国家抵御外来侵略的第一道防线。构建海防不仅是为了打击从海上入侵的敌人,更是为了维护国家的海洋主权和权益。

4.海权责任意识教育

海洋是一个极其重要的生态系统,为人类提供着重要的生态服务。近年来,我国在海洋资源的开发利用上出现了无序、无度、无偿的情况,导致国有资源严重流失。诸如近海渔业资源被过度捕捞,岸线与海域资源开发利用过度,环境污染和生态破坏等突出问题严重限制了我国海洋的可持续开发利用。这些问题在《中国海洋发展报告》(以下简称《报告》)中得到了证实。《报告》显示,由于大规模的围填海工程,我国1.8万千米的大陆岸线中,已形成了大量不可利用的天然海岸线,可利用部分已成稀缺资源,全国超过一半的海岸线已经变成了人工岸线。由于大部分围填海工程都位于海湾内部,直接的后果就是海岸线的长度被裁弯取直,大大缩短了海岸线的实际可利用长度。举例来说,位于山东省莱州市三山岛附近和莱州湾内的大规模围海养殖,导致了莱州市的海岸线长度在20世纪80年代中期以来减少了25千米,占其总岸线长度的1/5左右。最近的遥感图像比较显示,由于围海和填海活动,山东省的海岸线比20年前减少了500多千米。人工化的海岸线不仅破坏了自然景观和滨海湿地,还导致海湾和河口的纳潮量减少,抗灾能力下降。同时,它也对近岸海域的海洋生态环境造成了严重破坏,导致滨海湿地、红树林、珊瑚礁、河口等重要生态系统严重退化,并且导致生物多样性下降。例如,广西壮族自治区已经失去了2/3的红树林,这是由围填海和滩涂开发引起的。经过多次围垦,上海市崇明东滩湿地的候鸟栖息地部分丧失。海洋占据2/3的地球表面积,它是全球环境平衡的重要组成部分,对全球气候变化有着至关重要的影响,同时也是人类生活的重要依靠。人类对待海洋的态度不仅是开发利用,还应该细心保护,确保海洋能持续为人类服务。因此,我们必须提高海洋保护意识,深刻认识到海洋环境、生态目标和经济目标的和谐发展的重要性,并采取措施减少海洋环境污染,以确保海洋能够得到可持续开发和利用。

(二)海权意识教育途径

1.政府和有关教育部门应加大对于海权意识教育的投入

政府和有关教育部门应高度重视,深刻认识到提高大学生海权意识的重要性,将解决这个问题作为一项紧迫任务来处理。这关乎国家可持续发展的重大战略问题。应加大对海洋教育的财政支持,尤其是在学校教育方面,开设相关课程和实践项目,提升学生的海权意识和文化素养,培养未来的海洋人才,扩大海洋学院和相关专业的规模。同时,应科学制定长期的海洋国情教育规划,研究和编写各类教科书和教材,加强海权意识教育的内容。还可以通过多种媒体和网络平台加强对海洋意识的舆论宣传,营造一个良好的社会氛围。

2.高校思想政治理论课融入海权意识教育

大学生接受海权意识教育的主要方式是通过思想政治课程。通过教授中国近现代史纲要、毛泽东思想和中国特色社会主义理论体系概论、形势与政策等思政课程,以案例分析和理实结合等方式来培养学生系统的海权理论知识和解读问题的思维方法。在教学过程中,引入《郑和下西洋》、《甲午海战》和《大国崛起》等网络视频资料,引导学生反思和认识海洋的重要性,并加深对海洋国土概念的理解,使学生明白,近代中国的落后和衰落是由封闭保守、缺乏海权导致的。比如,在《毛泽东思想和中国特色社会主义理论体系概论》课程中,可以加入有关毛泽东、邓小平、江泽民、胡锦涛和习近平各个时期海权思想的理论生成和实践,加强党的海权思想的系统构建。

3.日常思想政治工作融合海权意识教育

要满足需求,现阶段仅仅通过课堂教育进行海权意识教育是远远不够的,亟须充分发挥课外这一渠道。一方面,可以通过专题讲座等多种形式,对大学生进行系统的海权知识讲授。具体讲授内容包括"实现海洋强国的梦想""中国的海权及其作用""新中国的海洋战略思想""海权战略与中国的崛起""海洋权益与国家利益""南海问题""钓鱼岛问题""联合国海洋法与中国"。这些内容涵盖了海洋政治、经济、军事和文化等多个方面。另一方面,需要加强海权主题的网络资源建设,以网络作为媒介,增加大学生对海洋和海权的了解和兴趣,同时提升他们自主提升海权意识的能力。此外,还可以引导大学生参与海洋国情调研等社会实践活动,组织专题讨论会或辩论赛,并带领学生参观海洋企业、海防遗址、海战遗址、海港要塞以及海事博物馆等,让学生身临其境,接受海权意识教育。

思 考 题

试分析大学生开展海洋权益意识教育的意义、内容与途径。

参考文献

[1]高振生.中国蓝色国土备忘录[M].郑州:中州古籍出版社,2010.

[2]凯利.失控[M].陈新武,陈之宇,顾珮嵌,等,译.北京:新星出版社,2011.

[3]李明春,吉国.海洋强国梦[M].北京:海洋出版社,2014.

[4]李明春.海权论衡[M].北京:海洋出版社,2004.

[5]李明春.海洋权益与中国崛起[M].北京:海洋出版社,2007.

[6]王佩云.激荡中国海:最后的海洋与迟到的觉醒[M].北京:海洋出版社,2010.

[7]毛泽东选集[M].北京:人民出版社,1964.

[8]彭克慧.新中国海洋战略发展史[M].北京:人民出版社,2017.

[9]胡波.后马汉时代的中国海权[M].北京:海洋出版社,2018.

[10]格罗夫.海权的未来[M].上海:上海人民出版社,2021.

[11]吴征宇.地理政治学、大战略与海洋转型[M].北京:中国社会科学出版社,2024.

[12]兰伯.海洋与权力:一部新文明史[M].长沙:湖南文艺出版社,2021.

[13]弗里德曼.弗里德曼说,下一个一百年地缘大冲突:21世纪陆权与海权、历史与民族、文明与信仰、气候与资源大变局[M].广州:广东人民出版社,2017.

[14]张世平.中国海权[M].北京:人民日报出版社,2009.

[15]张培忠.海权1662:郑成功收复台湾[M].广州:花城出版社,2016.

[16]何新华.晚清海防与海权思想论略[M].北京:中国社会科学出版社,2018.

[17]赵立彬.吾志所向:孙中山与现代中国[M].北京:中华书局,2024.

[18]井上清.钓鱼岛的历史主权[M].北京:新星出版社,2013.

[19]江卫平.新时代海洋强国论[M].上海:上海三联书店,2023.